i'm WORD
중학필수영단어

i'm WORD 중학필수영단어

2013년 2월 10일 초판 인쇄
2013년 2월 15일 초판 발행

지은이 Enjc스터디
발행인 손건
편집기획 이언영, 손지완
마케팅 김재윤
디자인 김선옥
제작 최승용
인쇄 선경프린테크

발행처 _LanCom_ 랭컴
주소 서울시 영등포구 문래동 3가 벽산메가트리움 101동 302호
등록번호 제 312-2006-00060호
전화 02) 2636-0895
팩스 02) 2636-0896
홈페이지 www.lancom.co.kr

ⓒ 랭컴 2013
ISBN 978-89-98469-11-5   52740

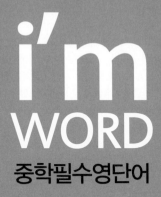

i'm
WORD
중학필수영단어

| Enjc스터디 지음 |

LanCom
Language & Communication

이 책의 특징

│ 중학생이 필수적으로 알아야 할 1,800 단어를 엄선하 였습니다.

중학교 영어 학습을 하는 데 지장이 없도록 필수적으로 알아 두어야 할 단어만을 집중 분석하여 엄선하였습니다. 모든 표 제어에는 일련번호를 붙여 자신이 암기한 단어가 몇 개째인 지 확인하면서 학습할 수 있습니다. 또한 단어의 레벨에 따라 4단계(Basic, Essential, Advanced, Final Stage)로 분류하 였으며, 하루 단어 학습량을 24단어로 하여 총 75일이면 끝 낼 수 있도록 구성하였습니다.

2 대한민국 최초 구(句:phrase)로 기억력을 높이는 단어 학습법을 도입하였습니다.

서로 관련된 몇 개의 단어가 모여서 이루어진 형태가 구(句: phrase)입니다. 여기에는 단어의 가장 중요한 의미, 형태, 용 법, 연어까지 응축되어 있으므로 구(句)를 통한 어휘 학습은 단어를 가장 빠르고 명확하게 익히는 혁명적인 단어 암기법 입니다. 이 책에서는 모든 표제어에 간결한 어구의 형태가 제 시되어 있으므로 Minimal Phrase[최소의 노력으로 최대의 어휘력 향상]를 통해 한 번 더 확실하게 의미를 파악함으로써 오랫동안 단어를 기억할 수 있습니다.

ex) a kind boy 친절한 소년

3 단어의 핵심적인 뜻과 활용도가 높은 예문으로 구성되 어 있습니다.

하나의 단어는 보통 두 가지 이상의 뜻을 가지고 있지만 중심 적인 의미가 한 가지뿐인 경우가 많으므로 중심 의미만 우선 암기하면 됩니다. 따라서 각 단어가 지닌 모든 뜻을 암기하는 데 시간을 낭비할 필요가 없습니다. 각 단어의 가장 핵심적인 뜻과 간결하면서도 활용도가 높은 예문을 선별하여 실어 놓았으므로 이 단어장에 있는 내용만 모두 익힌다면 기본이 탄탄한 어휘력으로 중학영어에 자신감을 심어줄 것입니다.

4 들고 다니면서 외울 수 있도록 휴대용 사이즈로 제작하였습니다.

휴대의 편리함을 최대한 살린 한손에 꼭 잡히는 핸드북 영단어장으로 어휘책의 내용은 그대로 공부하면서 언제 어디서나 쉽게 꺼내 들고 다니면서 반복해서 암기할 수 있습니다. 단어는 반복학습이 제일 중요합니다.

5 들으면 저절로 암기가 되는 mp3 파일을 랭컴출판사 홈페이지에서 제공합니다.

원어민이 녹음한 표제어와 예문, 그 뜻을 한국인 성우가 녹음하여 교재 없이도 들으면서 단어를 암기할 수 있습니다. 원어민의 녹음은 모두 누구나 알아듣기 쉽도록 다소 차분한 속도와 또박또박하고 정확한 발음으로 녹음하였습니다. 랭컴출판사 홈페이지(www.lancom.co.kr)에서 무료로 다운받을 수 있도록 준비되어 있으니 많은 이용 바랍니다.

ENGLISH IS WORD 영어는 단어다

단어를 모르고 영어를 공부한다는 것은 벽돌도 없이 집을 짓겠다는 이야기다. 단어가 모여 문장이 된다. 한 문장의 의미를 알기 위해서는 문법 등의 여러 지식이 필요하지만, 우선은 각 단어의 의미를 알아야 영어를 제대로 이해할 수 있다.

영단어를 집중적으로 암기하기 위해서는 다음 암기법을 참고하라.

---

1 매일 단어 개수를 정해 하루도 빠짐없이 꾸준히 외운다.

영어뿐만 아니라 다른 과목도 공부해야 하므로 하루에 암기할 수 있는 단어 개수를 자신의 학습 역량에 맞게 정하여 암기한다.

---

2 한 번에 암기하는 것보다 시차를 두고 반복하면서 단어와 친해져라.

기억력은 한계가 있기 때문에 단번에 모든 것을 기억할 수 없다. 시간이 지나면 자연적으로 기억력이 소멸하게 되므로 전체적으로 암기학습이 끝난 다음에 일정한 시차를 두고 반복해서 암기한다.

3 구와 예문을 통해 단어의 이미지를 머리에 그려라.

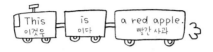

단어의 가장 중요한 의미, 형태, 용법, 연어까지 응축되어 있는 구(句)와 쓰임과 문장구조를 알 수 있는 예문을 통한 어휘 학습은 단어를 가장 빠르고 명확하게 이미지를 떠올릴 수 있으며 기억도 오래 간다.

4 자투리 시간을 최대한 활용하라.

책상 앞에 앉아서만 외우지 말고 등하교, 쉬는 시간, 화장실, 잠자리들기 전후 등 하루 중 남는 시간을 최대한 이용해 단어를 외운다.

5 단어를 발음으로 암기하되, 원어민의 발음을 듣고 따라하는 습관을 길러라.

'에스 아이 티(sit)' 처럼 하나하나 떼어 스펠링을 되뇌이며 외우지 말고 '씻' 하고 단어 전체를 발음하며 외우도록 하자. 원어민의 발음을 듣고 따라하면서 암기하면 더욱 큰 효과를 볼 수 있다. 이렇게 하면 굳이 시커멓게 깜지에 써가며 외우지 않아도 된다.

차례

일러두기

- 명 명사
- 대 대명사
- 관 관사
- 동 동사
- 형 형용사
- 부 부사
- 전 전치사
- 접 접속사
- 감 감탄사
- 의 의문사
- 유 유의어
- 반 반의어

Part
1

Basic
Stage

중학 영어를 공부하기 위해서 가장 먼저 기본적으로 알아야 할 중요한 단어이
므로 소홀히 해서는 안 됩니다.

Minimal * Phrases

□ **an ad rate**	광고료
□ **the same age**	같은 **나이**[동갑]
□ **during the day**	**낮** 동안
□ **if I had wings**	**만약** 나에게 날개가 있다**면**
□ **as a friend**	친구**로서**
□ **a kind boy**	**친절한** 소년

0001

ad
[æd]

□ □ □

명 형 광고(의) (advertisement의 줄임말)
I saw an ***ad*** for a used bicycle in the newspaper.
나는 신문에서 중고 자전거 광고를 보았다.

0002

age
[eidʒ]

□ □ □

명 나이; 시대
He is strong for his ***age***.
그는 나이에 비해 힘이 센 편이다.

0003

day
[dei]

□ □ □

명 낮 (반 night); 하루
During the ***day***, they were very busy.
하루 동안 그들은 매우 바빴다.

0004

if
[if]

□ □ □

전 (만약)~이면
If the sun shines, dew goes away.
태양이 빛나면 이슬은 사라진다.

0005

as
[æz]

□ □ □

부 ~와 같이, ~만큼(as~as); ~로서
Sunflowers can grow ***as*** tall ***as*** giraffes. 해바라기는 기린 키만큼 자랄 수 있다.

0006

kind
[kaind]

□ □ □

형 친절한, 상냥한 명 종류 (유 class, sort)
There are many different ***kinds*** of animals in the world.
세상에는 많은 종류의 동물들이 있다.

Minimal ✳ Phrases

☐ **a nice smile**	**기분 좋은** 미소
☐ **glad news**	**기쁜** 소식
☐ **listen well**	**잘** 듣다
☐ **a queen ant**	여왕**개미**
☐ **sweep the dirt out**	**먼지**를 쓸어내다
☐ **green tea**	녹**차**

0007

nice
[nais]

휑 좋은, 친절한

It was a *nice* day for hiking.
하이킹하기에 좋은 날씨였다.

☐ ☐ ☐

0008

glad
[glæd]

휑 기쁜 (빤 sad)

I am very *glad* to see you again.
나는 너를 다시 보게 되어 굉장히 기쁘다.

☐ ☐ ☐

0009

well
[wel]

휛 잘 휑 건강한 (빤 ill) 휑 우물

She reads and speaks Japanese *well*.
그녀는 일본어를 잘 읽고 말한다.

☐ ☐ ☐

0010

ant
[ænt]

휑 개미

The *ants* ate up the cookie bit by bit.
개미는 그 과자를 조금씩 갉아 먹었다.

☐ ☐ ☐

0011

dirt
[dəːrt]

휑 먼지, 쓰레기; 진흙 (윤 mud)

His coat was covered with *dirt*.
그의 코트는 먼지로 덮여 있었다.

☐ ☐ ☐

0012

tea
[tiː]

휑 차(茶)

I like strong *tea*.
나는 진한 차를 좋아한다.

☐ ☐ ☐

11

1st day

Minimal * Phrases

☐ **a soft bed**	**포근한** 침대
☐ **a juicy pear**	즙이 많은 **배**
☐ **cold ice**	차가운 **얼음**
☐ **mix earth with sand**	흙과 모래를 **섞다**
☐ **a dry cough**	**마른**기침
☐ **fire prevention**	**화재** 예방

0013

soft
[sɔ(:)ft]
☐ ☐ ☐

형 부드러운 (반 hard); 상냥한
She speaks in a *soft* voice.
그녀는 상냥한 목소리로 말한다.

0014

pear
[pɛər]
☐ ☐ ☐

명 배 〈과일〉
The *pear* is rotten within.
그 배는 속이 썩었다.

0015

ice
[ais]
☐ ☐ ☐

명 얼음
Ice formed on the pond.
연못에 얼음이 얼었다.

0016

mix
[miks]
☐ ☐ ☐

동 섞다 명 혼합(물)
Oil and water don't *mix*.
기름과 물은 섞이지 않는다.

0017

dry
[drai]
☐ ☐ ☐

형 마른, 건조한 (반 wet)
The wind blew *dry* and cold.
건조하고 차가운 바람이 불었다.

0018

fire
[faiər]
☐ ☐ ☐

명 불; 화재
The house is on *fire*.
그 집이 불타고 있다.

Minimal ✳ Phrases

□ so sorry	매우 미안하다
□ a red rose	빨간 장미
□ beg forgiveness	용서를 빌다
□ hit a home run	홈런을 치다
□ go jogging	조깅하러 가다
□ ask the way	길을 묻다

0019

so
[sou]

□ □ □

(부) 그렇게; 매우

You are *so* kind.
너는 매우 친절하다.

0020

red
[red]

□ □ □

(형) 빨간 (명) 빨강

Red stands for danger.
빨간 빛은 위험을 나타낸다.

0021

beg
[beg]

□ □ □

(동) 빌다; 청하다

The beggar was *begging* for bread.
그 거지는 빵을 구걸하고 있었다.

0022

hit
[hit]

□ □ □

(동) 치다, 때리다 (유 strike)

I *hit* my head on the table edge.
나는 테이블 가장자리에 머리를 부딪쳤다.

0023

jog
[dʒɔg]

□ □ □

(동) 조깅하다; 살짝 밀다

They *jog* every morning.
그들은 아침마다 조깅한다.

0024

way
[wei]

□ □ □

(명) 길; 방향; 방법 (유 method)

He continued on his *way* to school.
그는 계속해서 학교로 가던 길을 갔다.

2nd day

Minimal ✶ Phrases

- □ a lot of stamps — **많은** 우표
- □ win an election — 선거에서 **이기다**
- □ all day (long) — 하루 **종일**
- □ a bit of bread — 빵 **한 조각**
- □ cooking oil — 식용**유**
- □ tell a lie — **거짓말**하다

0025

lot
[lat / lɔt]
□ □ □

[명] 많음 〈수나 양에 모두 쓰임〉; 제비
He knows a ***lot*** about insects.
그는 곤충에 관해 많은 것을 안다.

0026

win
[win]
□ □ □

[동] 이기다; 얻다 ([반] lose)
She ***won*** the Nobel Prize.
그녀는 노벨상을 받았다.

0027

all
[ɔːl]
□ □ □

[형] 모든 [대] 모든 것, 모두
She loves ***all*** my family.
그녀는 내 가족 모두를 사랑한다.

0028

bit
[bit]
□ □ □

[명] 한 조각; 조금
He ate every ***bit*** of his dinner.
그는 저녁식사를 남김없이 먹었다.

0029

oil
[ɔil]
□ □ □

[명] 기름; 석유
Mother fries fish in ***oil***.
어머니는 기름에 생선을 튀기신다.

0030

lie
[lai]
□ □ □

[명] 거짓말 ([반] truth) [동] 눕다; 거짓말 하다
It is a ***lie*** that he is an architect.
그가 건축가라는 것은 거짓말이다.

Minimal ✷ Phrases

☐ a man of **few** words	말수가 **적은** 사람
☐ the **tips** of the fingers	손가락 **끝**
☐ a long time **ago**	오래 **전에**
☐ **cut** the apple with a knife	칼로 사과를 **자르다**
☐ a brave **act**	용감한 **행동**
☐ not **yet** issued	**아직** 발행되지 않은

0031

few
[fju:]

☐ ☐ ☐

(형) 거의 없는 (반 many)

Few people believe in ghosts.
유령을 믿는 사람은 거의 없다.

0032

tip
[tip]

☐ ☐ ☐

(명) 팁, 사례금; (가늘고 긴 것의) 끝 (유 point)

I gave her a five dollar ***tip***.
나는 그녀에게 5달러의 팁을 주었다.

0033

ago
[əgóu]

☐ ☐ ☐

(부) (지금부터) ~전에

I saw the movie two years ***ago***.
나는 2년 전에 그 영화를 보았다.

0034

cut
[kʌt]

☐ ☐ ☐

(동) 베다, 자르다

I ***cut*** my finger yesterday.
나는 어제 손가락을 베었다.

0035

act
[ækt]

☐ ☐ ☐

(명) 행동 (동) 행동하다

The boy ***acted*** like a baby.
그 소년은 아기처럼 행동했다.

0036

yet
[jet]

☐ ☐ ☐

(부) 아직; 이미 (접) 하지만

The work is not ***yet*** finished.
그 일은 아직 끝나지 않았다.

15

2nd day

☐ **finish** a **job**	<u>일</u>을 끝내다
☐ **say** good-**bye**	<u>작별</u> 인사를 하다
☐ **modern** art	현대 <u>미술</u>
☐ a **ski** resort	<u>스키</u>장
☐ the Second World **War**	제2차 세계 <u>대전</u>
☐ **cry** in a loud voice	큰소리 <u>지르다</u>

0037

job
[dʒáb / dʒɔ́b]

☐ ☐ ☐

똉 일 (冏 work); 직업 (冏 career)
She did a great *job*.
그녀는 굉장한 일을 해냈다.

0038

bye
[bai]

☐ ☐ ☐

캅 안녕
Good-*bye*.
안녕히 가십시오.

0039

art
[aːrt]

☐ ☐ ☐

똉 예술; 미술
He is an *art* director in France.
그는 프랑스에서 미술 감독이다.

0040

ski
[skiː]

☐ ☐ ☐

똉 똠 스키(타다)
I want to learn how to *ski*.
나는 스키 타는 법을 배우고 싶다.

0041

war
[wɔːr]

☐ ☐ ☐

똉 전쟁 (뺜 peace)
War brings disaster.
전쟁은 재난을 초래한다.

0042

cry
[krai]

☐ ☐ ☐

똠 소리치다; 울다 똉 우는[고함] 소리
Babies *cry* when they are hungry.
아기들은 배가 고프면 운다.

Minimal ✳ Phrases

☐ **wear a hat** — **모자**를 쓰다

☐ **break a vow** — **맹세**를 어기다

☐ **a pen pal** — 편지 **친구**

☐ **fill a glass with water** — 잔에 물을 **가득 채우다**

☐ **set a vase on the table** — 탁자 위에 꽃병을 **놓다**

☐ **right now** — **지금** 당장

0043

hat
[hæt]

☐ ☐ ☐

명 (테가 있는) 모자
The wind blew my *hat* off.
바람에 모자가 날아갔다.

0044

vow
[vau]

☐ ☐ ☐

명 동 맹세(하다) (유 swear)
I am under a *vow* not to smoke again.
나는 다시는 흡연하지 않기로 맹세했다.

0045

pal
[pæl]

☐ ☐ ☐

명 동료, 친구
We've been *pals* for years.
우리는 수년간 친구로 지내 왔다.

0046

fill
[fil]

☐ ☐ ☐

동 채우다
The airport is *filled* with people.
공항은 사람들로 가득 차 있다.

0047

set
[set]

☐ ☐ ☐

동 놓다; (식탁을) 차리다
Mother *set* the table for dinner.
어머니께서 저녁식사를 차렸다.

0048

now
[nau]

☐ ☐ ☐

명 형 부 지금(의), 현재(의)
I have to go *now*.
지금 가야 돼.

3rd day

☐ **teenage boys**	십대의 **소년들**
☐ **about the middle of May**	**5월** 중순에
☐ **a safe place**	**안전한** 장소
☐ **an easy way**	**쉬운** 방법
☐ **the lower lip**	아랫**입술**
☐ **half a year**	**반**년

0049

boy
[bɔi]

☐ ☐ ☐

똉 소년

He is the most handsome *boy* in the class.
그는 학급에서 가장 잘생긴 소년이다.

0050

may
[mei]

☐ ☐ ☐

동 ~해도 좋다 똉 (M-) 5월

You *may* go home.
너는 집에 가도 된다.

0051

safe
[seif]

☐ ☐ ☐

혱 안전한 (빤 dangerous) 똉 금고

It is *safe* to wear a helmet.
헬멧을 쓰는 것이 안전하다.

0052

easy
[íːzi]

☐ ☐ ☐

혱 쉬운 (윤 simple 빤 difficult, hard)

Hangeul is *easy* to read and write.
한글은 읽고 쓰기 쉽다.

0053

lip
[lip]

☐ ☐ ☐

똉 혱 입술(의)

The clown has big pink *lips*.
그 광대의 입술은 크고 분홍색이다.

0054

half
[hæf / haːf]

☐ ☐ ☐

혱 반; 절반

School begins at *half* past nine.
수업은 9시 반에 시작된다.

□ rid the house of rats   집에서 쥐를 제거하다
□ fit perfectly   딱 맞다
□ ill manners   버릇없음
□ lift a thing with a crane   기중기로 들어 올리다
□ a dear friend of mine   나의 친한 친구
□ a pop song   유행가

0055
rid
[rid]
□ □ □

통 없애다
You must get *rid* of bad habits.
너는 나쁜 습관을 버려야 한다.

0056
fit
[fit]
□ □ □

통 맞다 형 적당한 (반 unfit); 꼭 맞는
(유 suitable)
That coat doesn't *fit* her.
그 외투는 그녀에게 맞지 않는다.

0057
ill
[il]
□ □ □

형 병든; 나쁜 명 악
Because I was *ill*, I stayed at home.
나는 아파서 집에 있었다.

0058
lift
[lift]
□ □ □

통 (들어) 올리다
He is able to *lift* the rock.
그는 바위를 들 수 있다.

0059
dear
[diər]
□ □ □

형 친애하는, 사랑스러운
Shirley is near and *dear* to me.
설리는 내게 소중하다.

0060
pop
[pap / pɔp]
□ □ □

명 유행곡 형 대중음악의
He likes Korean *pop* songs very much.
그는 한국 대중가요를 매우 좋아한다.

19

3rd day

- a good ear — 예민한 **청력**
- tap a nail into a wall — 벽에 못을 **두드려 박다**
- the top of a tree — 나무 **꼭대기**
- stretch arms — **팔**을 쭉 뻗다
- a fur trader — **모피** 상인
- leaves moist with dew — **이슬**에 젖은 잎

0061

ear
[iər]
☐ ☐ ☐

명 귀

The elephant has large *ears*.
코끼리는 큰 귀를 가지고 있다.

0062

tap
[tæp]
☐ ☐ ☐

동 가볍게 두드리다

She *tapped* me on the shoulder.
그녀는 내 어깨를 가볍게 툭 쳤다.

0063

top
[tap / tɔp]
☐ ☐ ☐

명 꼭대기, 정상

The cat was sitting on the *top* of the house.
고양이가 집 꼭대기에 앉아 있었다.

0064

arm
[aːrm]
☐ ☐ ☐

명 팔

I hurt my *arm*.
나는 팔을 다쳤다.

0065

fur
[fəːr]
☐ ☐ ☐

명 털; 모피

When a koala is born, he has no *fur*.
코알라는 태어날 때 털이 없다.

0066

dew
[djuː]
☐ ☐ ☐

명 이슬

The laundry is moist with *dew*.
빨래가 이슬에 축축하다.

20

Minimal ✱ Phrases

- ☐ a **fat** woman — **뚱뚱한** 여자
- ☐ **add** sugar to coffee — 커피에 설탕을 **넣다**
- ☐ wish her **luck** — 그녀의 **행운**을 빌다
- ☐ ride the **surf** — **파도**타기를 하다
- ☐ **sail** for Europe — 유럽을 향해서 **출항하다**
- ☐ tears **flow** — 눈물이 **흐르다**

0067
fat
[fæt]
☐ ☐ ☐

[형] 살찐; 기름진 ([유] lean, thin) [명] 지방
He is ***fat*** because he eats too much.
그는 너무 많이 먹어서 뚱뚱하다.

0068
add
[æd]
☐ ☐ ☐

[동] 더하다, 보태다
Heat a frying pan and ***add*** some oil.
프라이팬을 달군 후 기름을 조금 넣어라.

0069
luck
[lʌk]
☐ ☐ ☐

[명] (행)운 ([유] chance)
Good ***luck*** (to you)!
행운을 빕니다!

0070
surf
[səːrf]
☐ ☐ ☐

[동] 파도타기를 하다, 서핑을 하다
[명] 밀려드는 파도
I ***surfed*** the Internet all day long.
나는 하루 종일 인터넷을 했다.

0071
sail
[seil]
☐ ☐ ☐

[동] 항해하다, 배가 떠나다
(sailor [명] **선원, 뱃사람**)
They ***sailed*** across the Atlantic Ocean. 그들은 배를 타고 대서양을 건넜다.

0072
flow
[flou]
☐ ☐ ☐

[동] (강·눈물 등이) 흐르다
The river ***flows*** into the sea.
강은 바다로 흘러간다.

4th day

☐ be still waiting for him	아직도 그를 기다리고 있다
☐ a wet towel	젖은 수건
☐ kill an animal	동물을 죽이다
☐ icy roads	빙판길
☐ a baseball bat	야구 방망이
☐ set a trap for rats	쥐덫을 놓다

0073

still
[stil]

☐ ☐ ☐

🄬 아직도, 여전히

He is *still* angry.
그는 아직도 화나 있다.

0074

wet
[wet]

☐ ☐ ☐

🄗 젖은, 축축한 (반 dry)

The dog is *wet*.
개가 물에 젖었다.

0075

kill
[kil]

☐ ☐ ☐

🄭 죽이다

The cat *killed* a rat.
그 고양이가 쥐 한 마리를 죽였다.

0076

icy
[áisi]

☐ ☐ ☐

🄬 얼음이 언; 매우 추운

The water was *icy*.
물은 얼음처럼 차가웠다.

0077

bat
[bæt]

☐ ☐ ☐

🄗 방망이, (야구 등의) 배트

He bought a *bat* instead of a glove.
그는 야구 글러브 대신 방망이를 샀다.

0078

rat
[ræt]

☐ ☐ ☐

🄗 쥐 (유 mouse)

The *rat* has sharp teeth.
쥐는 날카로운 이를 가지고 있다.

Minimal ✱ Phrases

☐ **a boiled egg**	삶은 **달걀**
☐ **put salt into food**	음식에 **소금을** 치다
☐ **fried eggs**	달걀 **프라이**
☐ **fail an exam**	시험에 **실패하다**
☐ **far above the clouds**	구름 위 **멀리**
☐ **strike one's fist on the table**	**주먹**으로 탁자를 치다

0079

egg
[eg]

☐ ☐ ☐

몡 알; 달걀

Butterfly *eggs* have many sizes.
나비의 알은 크기가 다양하다.

0080

salt
[sɔːlt]

☐ ☐ ☐

몡 소금

Please give me the *salt*.
소금 좀 건네주시오.

0081

fry
[frai]

☐ ☐ ☐

동 기름에 튀기다 몡 튀김

I like *fried* potatoes.
나는 감자튀김을 좋아한다.

0082

fail
[feil]

☐ ☐ ☐

동 실패하다 (반 succeed)

He tried only to *fail*.
그는 해보았지만 결국 실패로 끝났다.

0083

far
[faːr]

☐ ☐ ☐

부 멀리

He doesn't live *far* from here.
그는 여기서 멀지 않은 곳에 산다.

0084

fist
[fist]

☐ ☐ ☐

몡 주먹

He punched her with his *fist*.
그는 주먹으로 그녀를 때렸다.

4th day

- ☐ a tiger in a zoo — **동물원**의 호랑이
- ☐ yell for help — 도와달라고 **외치다**
- ☐ peel a fruit — 과일의 **껍질을 벗기다**
- ☐ aid memory — 기억을 **돕다**
- ☐ a strong sense of duty — 강한 **의무**감
- ☐ hopes and fears — 기대와 **불안**

0085

zoo
[zu:]

☐ ☐ ☐

몡 동물원

She works at the *zoo*.
그녀는 동물원에서 일한다.

0086

yell
[jel]

☐ ☐ ☐

동 고함치다 몡 고함 소리

She *yelled* with delight.
그녀는 기쁜 나머지 소리 질렀다.

0087

peel
[pi:l]

☐ ☐ ☐

몡 동 껍질(을 벗기다)

These potatoes *peel* easily.
이 감자들은 껍질이 쉽게 벗겨진다.

0088

aid
[eid]

☐ ☐ ☐

동 돕다 (유 help) 몡 도움

Material *aid* is now useless to them.
그들에게 물질적 원조는 이제 소용없다.

0089

duty
[djú:ti]

☐ ☐ ☐

몡 의무; 임무

She was careful in the performance
of her *duty*.
그녀는 직무 수행에 있어 신중했다.

0090

fear
[fiər]

☐ ☐ ☐

몡 무서움; 불안 동 무서워하다

I have a *fear* of dogs.
나는 개를 무서워한다.

24

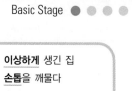

Minimal ✶ Phrases

- ☐ an **odd**-looking house — **이상하게** 생긴 집
- ☐ bite one's **nails** — **손톱**을 깨물다
- ☐ a **shy** smile — **수줍은** 미소
- ☐ a deep **bite** — 깊이 **물린 상처**
- ☐ a shopping **bag** — 쇼핑**백**
- ☐ a nerve **cell** — 신경 **세포**

0091

odd
[ad / ɔd]
☐ ☐ ☐

[부] 이상한; 홀수의

Five, seven and nine are ***odd*** numbers.
5, 7, 9는 홀수이다.

0092

nail
[neil]
☐ ☐ ☐

[명] (사람의) 손톱 ([유] fingernail); 발톱 ([유] toenail); 못

Don't bite your ***nails***.
손톱을 물어뜯지 마라.

0093

shy
[ʃai]
☐ ☐ ☐

[형] 수줍은; 겁 많은

A deer is a ***shy*** animal.
사슴은 겁 많은 동물이다.

0094

bite
[bait]
☐ ☐ ☐

[동] 물다 [명] 물린 상처, 묾; 한 입

Barking dogs seldom ***bite***.
짖는 개는 좀처럼 물지 않는다.

0095

bag
[bæg]
☐ ☐ ☐

[명] 가방; 자루

He left his ***bag*** in the subway.
그는 가방을 지하철에 두고 내렸다.

0096

cell
[sel]
☐ ☐ ☐

[명] 세포; 작은 방

Cancer begins as a single ***cell***.
암은 하나의 세포에서 시작된다.

5th day

☐ feel a fool	바보처럼 느껴지다
☐ skill in baseball	야구 실력
☐ a real pearl	진짜 진주
☐ shoot a gun	총을 쏘다
☐ wave a flag	기를 흔들다
☐ press the bell	벨을 누르다

0097

fool
[fu:l]

☐ ☐ ☐

몡 바보

He made a **fool** of me.
그는 날 놀렸다.

0098

skill
[skil]

☐ ☐ ☐

몡 솜씨, 숙련; 기능

She has great **skill** in painting.
그녀는 그림 솜씨가 대단하다.

0099

real
[ríːəl / ríəl]

☐ ☐ ☐

혱 실제의; 진짜의 (유 genuine)

This is a **real** diamond.
이것은 진짜 다이아몬드이다.

0100

gun
[gʌn]

☐ ☐ ☐

몡 총

He shot a bird with his **gun**.
그는 총으로 새를 쏘았다.

0101

flag
[flæg]

☐ ☐ ☐

몡 기, 깃발

Taegeukgi is our national **flag**.
태극기는 우리 국기이다.

0102

bell
[bel]

☐ ☐ ☐

몡 벨, (초인)종

The church **bell** is made of bronze.
교회의 종은 청동으로 만들어졌다.

Minimal ✳ Phrases

- [ ] **a heavy load**   무거운 **짐**
- [ ] **swim across the** lake   **호수**를 헤엄쳐 건너다
- [ ] **a carpenter's** tool   목수의 **연장**
- [ ] **hunt deer**   사슴 **사냥을 하다**
- [ ] **study at a** desk   **책상**에서 공부하다
- [ ] **feel** pity   **동정심**을 느끼다

0103

load
[loud]

☐ ☐ ☐

몡 짐 (윤 burden) 통 싣다

The bus *loads* at the right door.
버스는 오른쪽 문으로 사람을 태운다.

0104

lake
[leik]

☐ ☐ ☐

몡 호수

There are a lot of beautiful *lakes* in Chuncheon.
춘천에는 아름다운 호수가 많다.

0105

tool
[tu:l]

☐ ☐ ☐

몡 도구, 연장 (윤 instrument)

An axe is a *tool* used to cut down trees.
도끼는 나무를 자르는 데 사용되는 도구이다.

0106

hunt
[hʌnt]

☐ ☐ ☐

몡 통 사냥(하다)

They *hunted* foxes.
그들은 여우 사냥을 했다.

0107

desk
[desk]

☐ ☐ ☐

몡 책상

She put the books on the *desk*.
그녀는 책들을 책상 위에 올려놓았다.

0108

pity
[píti]

☐ ☐ ☐

몡 동정, 불쌍히 여김 통 동정하다

I have a feeling of *pity* for him.
나는 그를 측은하게 여기고 있다.

5th day

☐ a city **hall**	시**청**
☐ **hurt** one's arm	팔을 **다치다**
☐ a first **step**	첫 **걸음**
☐ an hour's **rest**	1시간의 **휴식**
☐ break a **rule**	**규칙**을 어기다
☐ ask someone **else**	누군가 **다른** 사람에게 묻다

0109

hall
[hɔːl]

☐ ☐ ☐

囲 강당, 홀

There are many students in the **hall**.
강당에 많은 학생들이 있다.

0110

hurt
[həːrt]

☐ ☐ ☐

图 다치게 하다; 아프다

He **hurt** my feelings.
그는 내 기분을 상하게 했다.

0111

step
[step]

☐ ☐ ☐

囲 계단; 발걸음

I'll be a few **steps** behind.
나는 몇 걸음 뒤에 있겠다.

0112

rest
[rest]

☐ ☐ ☐

囲 휴식, 쉼

Let's take a **rest** in that room.
저 방에서 쉽시다.

0113

rule
[ruːl]

☐ ☐ ☐

囲 규칙

He broke the **rule**.
그는 규칙을 어겼다.

0114

else
[els]

☐ ☐ ☐

囲 그 외에

What **else** do you want to eat?
그 외에 또 무엇을 드시겠습니까?

28

Minimal * Phrases

- live in an apartment — 아파트에 살다
- have a baby — 아기를 가지다[낳다]
- run 100 meters — 100미터를 달리다
- talk too much — 너무 말이 많다
- a large area — 넓은 지역
- water boils — 물이 끓다

0115

live
[liv 동 / laiv 형]

동 살다 형 살아 있는; 생생한 (반 dead)
She *lived* to be ninety.
그녀는 90세까지 살았다.

□ □ □

0116

have
[hæv]

동 가지다; 먹다
Korea *has* great tradition.
한국은 훌륭한 전통을 가지고 있다.

□ □ □

0117

run
[rʌn]

동 달리다 (runner 명 달리는 사람, 경주자)
He can *run* faster than me.
그는 나보다 빨리 달릴 수 있다.

□ □ □

0118

talk
[tɔːk]

동 말하다
I want to *talk* to you.
나는 당신과 얘기하고 싶다.

□ □ □

0119

area
[ɛ́əriə]

명 지역, 범위
Is there a hospital in this *area*?
이 지역에 병원이 있습니까?

□ □ □

0120

boil
[bɔil]

동 끓(이)다
She *boiled* eggs.
그녀는 계란을 삶았다.

□ □ □

6th day

☐ **lock a door**	**문**을 잠그다
☐ **a poor house**	**초라한** 집
☐ **in body and mind**	**심신**으로
☐ **a cute baby**	**귀여운** 아기
☐ **dip the bread in the milk**	빵을 우유에 **적시다**
☐ **a golf club**	**골프**채

0121

door
[dɔːr]

☐ ☐ ☐

명 문; 출입구
He broke the *door* open.
그는 문을 부수고 열었다.

0122

poor
[puər]

☐ ☐ ☐

형 가난한 (반 rich, wealthy); 빈약한
He is in *poor* health.
그는 건강이 좋지 않다.

0123

body
[bádi / bɔ́di]

☐ ☐ ☐

명 몸, 육체 (반 mind, soul, spirit)
I am wounded in the *body*.
나는 몸에 상처를 입었다.

0124

cute
[kjuːt]

☐ ☐ ☐

형 귀여운
My sister is a very *cute* girl.
내 여동생은 매우 귀여운 소녀이다.

0125

dip
[dip]

☐ ☐ ☐

동 담그다
Dip a sponge into warm soapy water.
스펀지를 따뜻한 비눗물에 담가라.

0126

golf
[galf / gɔ(ː)lf]

☐ ☐ ☐

명 골프
I relax on weekends by playing *golf*.
주말에는 골프로 몸을 푼다.

Minimal ✶ Phrases

- □ the South Pole — 남극
- □ lose my purse — 지갑을 잃다
- □ an ugly face — 못생긴 얼굴
- □ a due date — 만기일
- □ items of business — 영업 종목
- □ book a seat — 좌석을 예약하다

0127
pole [poul]
□ □ □

[명] 막대기; 극
The scientist explored the South ***Pole***.
그 과학자는 남극을 탐험했다.

0128
lose [luːz]
□ □ □

[동] (길을) 잃다, 헤매다
I ***lost*** my way in the woods.
나는 숲 속에서 길을 잃었다.

0129
ugly [ʌ́gli]
□ □ □

[형] 추한, 못생긴
That was an ***ugly*** crime.
그것은 추악한 범죄였다.

0130
due [djuː]
□ □ □

[형] 지급 기일이 된; 도착 예정인
The mail is ***due*** tomorrow.
우편은 내일 도착하게 되어 있다.

0131
item [áitəm / áitem]
□ □ □

[명] 항목; 조항; 물품
The ***item*** is out of stock.
이 품목은 재고가 없다.

0132
seat [siːt]
□ □ □

[명] 자리, 좌석
Go back to your ***seat***.
당신 자리로 돌아가시오.

Minimal ✱ Phrases

- ☐ **fasten one's belt** — 허리띠를 (졸라)매다
- ☐ **gray clothes** — 회색 옷
- ☐ **a wild animal** — 야생동물
- ☐ **bear a heavy load** — 무거운 짐을 나르다
- ☐ **past glories** — 과거의 영광
- ☐ **a driving test** — 운전면허 시험

0133
belt
[belt]
☐ ☐ ☐

[명] 띠, 벨트

Please fasten your seat ***belt***.
안전벨트 매세요.

0134
gray
[grei]
☐ ☐ ☐

[명] [형] 회색(의)

Her face turned ***gray***.
그녀의 얼굴이 잿빛으로 변했다.

0135
wild
[waild]
☐ ☐ ☐

[형] 야생의

Be careful of ***wild*** animals in the park. 공원의 야생 동물들을 조심해라.

0136
bear
[bɛər]
☐ ☐ ☐

[명] 곰 [동] (아이를) 낳다; 견디다; 지탱하다

The ***bear*** likes honey.
곰은 꿀을 좋아한다.

0137
past
[pæst / pa:st]
☐ ☐ ☐

[형] 지나간, 과거의 [전] ~을 지난

My grandmother is ***past*** ninety.
나의 할머니께서는 90세가 넘으셨다.

0138
test
[test]
☐ ☐ ☐

[명] 시험, 테스트 ([유] examination)

He passed the English ***test***.
그는 영어 시험에 합격했다.

Minimal ✻ Phrases

- ☐ **take a quiz** — **시험**을 치다
- ☐ **leave a note** — **쪽지**를 남기다
- ☐ **be as beautiful as ever** — **전과 다름없이** 아름답다
- ☐ **an able teacher** — **유능한** 교사
- ☐ **such a thing** — **그와 같은** 것
- ☐ **an outlook over the sea** — 바다의 **경관**

0139
quiz
[kwiz]
☐ ☐ ☐

[명] 간단한 시험, 퀴즈
He listened to a ***quiz*** program on the radio.
그는 라디오 퀴즈 프로그램을 들었다.

0140
note
[nout]
☐ ☐ ☐

[명] 기록, (짧은) 쪽지 [동] 적어두다
I will make a ***note*** of it.
그것을 적어 두어야겠다.

0141
ever
[évər]
☐ ☐ ☐

[부] 전에, 이제까지
He studied harder than ***ever***.
그는 전보다 더 열심히 공부했다.

0142
able
[éibl]
☐ ☐ ☐

[형] ~할 수 있는 ([반] unable); 유능한
They are ***able*** to get into a car.
그들은 차에 탈 수 있다.

0143
such
[sʌtʃ / sətʃ]
☐ ☐ ☐

[형] 그와 같은, 그런
Such a man is dangerous.
그런 사람은 위험하다.

0144
outlook
[áutlùk]
☐ ☐ ☐

[명] 전망; 예측
The room has a pleasant ***outlook***.
그 방은 전망이 좋다.

7th day

☐ **a red rose**	빨간 **장미**
☐ **rub oil**	기름을 **바르다**
☐ **put a coin in the slot**	**구멍** 속에 동전을 집어넣다
☐ **lack of skill**	기술 **부족**
☐ **pay costs**	**비용**을 지불하다
☐ **high gear**	고속 **기어**

0145

rose
[rouz]

☐ ☐ ☐

똉 장미(꽃)
She sent him a pink *rose*.
그녀는 그에게 분홍 장미 한 송이를 보냈다.

0146

rub
[rʌb]

☐ ☐ ☐

똉 문지르다; 비비다
He *rubbed* his eyes and yawned.
그는 눈을 비비고 하품을 했다.

0147

slot
[slat / slɔt]

☐ ☐ ☐

똉 홈, 가늘고 긴 구멍
The curtain hooks run along a *slot* in the curtain rail. 커튼 고리가 커튼 봉에 난 홈을 따라 죽 꽂혀 있다.

0148

lack
[læk]

☐ ☐ ☐

똉 부족 똉 ~이 없다
A desert *lacks* water.
사막에는 물이 없다.

0149

cost
[kɔːst / kɔst]

☐ ☐ ☐

똉 가격, 원가 똉 (비용이) 들다
It *costs* adults ten thousand won.
어른은 10,000원을 내야 한다.

0150

gear
[giər]

☐ ☐ ☐

똉 전동장치, 기어
The car has four forward gears and one reverse *gear*. 그 자동차는 네 개의 전진 기어와 한 개의 후진 기어가 있다.

Minimal ✶ Phrases

- □ step on a **foot** — **발**을 밟다
- □ a cold **bath** — 냉수**욕**
- □ in this **case** — 이 **경우**에는
- □ **nuts** and raisins — **견과**류와 건포도
- □ **hug** a child — 아이를 **끌어안다**
- □ **kiss** him on the cheek — 그의 볼에 **입을 맞추다**

0151
foot
[fut]
□ □ □

[명] 발

There are five toes on each ***foot***.
각각의 발에는 다섯 개의 발가락이 있다.

0152
bath
[bæθ / ba:θ]
□ □ □

[명] 목욕, 입욕

Tommy needs a ***bath***.
토미는 목욕할 필요가 있다.

0153
case
[keis]
□ □ □

[명] 상자; 경우, 사정

Grandfather put his glasses in a ***case***.
할아버지께서는 안경을 안경집에 넣으셨다.

0154
nut
[nʌt]
□ □ □

[명] 견과

The ***nut*** is very hard to crack.
견과는 잘 깨지지 않는다.

0155
hug
[hʌg]
□ □ □

[동] 꼭 껴안다 [명] 포옹

He gave her a big ***hug***.
그는 그녀를 꼭 껴안았다.

0156
kiss
[kis]
□ □ □

[명] [동] 키스(하다)

He ***kissed*** his wife goodbye.
그는 아내에게 작별 키스를 했다.

7th day

☐ the king of all animals	모든 짐승의 **왕**
☐ gene therapy	**유전자** 치료
☐ a male voice	**남성의** 목소리
☐ since last Sunday	지난 일요**일 이래**
☐ raise dust	**먼지**를 일으키다
☐ miss the chance	기회를 **놓치다**

0157

king
[kiŋ]

☐ ☐ ☐

몡 왕, 국왕 (반 queen)

The **king** wears a crown on his head.
왕은 머리에 왕관을 썼다.

0158

gene
[ʤiːn]

☐ ☐ ☐

몡 유전자

The right-handedness **gene** is dominant.
오른손잡이의 유전자가 우성이다.

0159

male
[meil]

☐ ☐ ☐

몡 혱 남자(의) (반 female)

In most animals the **male** is bigger than the female.
대부분의 동물들에 있어서 수컷이 암컷보다 크다.

0160

since
[sins]

☐ ☐ ☐

젼 ~이래 졉 ~한 지; ~이므로

We have been busy **since** last Sunday.
우리는 지난 일요일 이래로 계속 바빴다.

0161

dust
[dʌst]

☐ ☐ ☐

몡 먼지

The desk is covered with **dust**.
그 책상은 먼지투성이다.

0162

miss
[mis]

☐ ☐ ☐

됭 놓치다; 그리워 하다

I arrived too late and **missed** the train.
나는 너무 늦게 도착해서 기차를 놓쳤다.

Minimal ✱ Phrases

- ☐ pat a dog — 개를 **쓰다듬다**
- ☐ a bull whale — **수**고래
- ☐ a frail girl — **연약한** 소녀
- ☐ a shopping mall — 쇼핑**몰**
- ☐ tire of watching television — 텔레비전 보는 것에 **싫증나다**
- ☐ put flowers in a vase — **꽃병**에 꽃을 꽂다

0163
pat
[pæt]
☐ ☐ ☐

[동] 가볍게 두드리다, 쓰다듬다
I ***patted*** the kitten.
나는 새끼고양이를 쓰다듬었다.

0164
bull
[bul]
☐ ☐ ☐

[명] 황소, 수소; 수컷 [형] 수컷의
The angry ***bull*** is chasing Bill.
성난 수소가 빌을 쫓고 있다.

0165
frail
[freil]
☐ ☐ ☐

[형] 약한; 무른
He is old and rather ***frail***.
그는 나이 들고 다소 허약하다.

0166
mall
[mɔːl]
☐ ☐ ☐

[명] 상점가, 쇼핑몰
Let's go shopping at the new ***mall***.
새로 생긴 쇼핑몰에 쇼핑하러 갑시다.

0167
tire
[taiəːr]
☐ ☐ ☐

[동] 피곤하다; 싫증나다 [명] 타이어
The bicycle has a flat ***tire***.
자전거 바퀴에 바람이 빠졌다.

0168
vase
[veis / veiz / vaːz]
☐ ☐ ☐

[명] 꽃병
A ***vase*** is placed on the table.
테이블 위에 꽃병이 놓여 있다.

8th day

Minimal ✶ Phrases

- ☐ the autumn **term** — 가을 **학기**
- ☐ a **neat** room — **깔끔한** 방
- ☐ volcanic **ash** — 화산**재**
- ☐ a full **text** — 전**문**
- ☐ a **cave** dweller — **동굴**에 사는 사람
- ☐ boys in their **teens** — **십대**의 소년들

0169
term
[təːrm]
☐ ☐ ☐

[명] 기간; 학기; 용어
I explained in simple ***terms***.
나는 간단한 용어로 설명했다.

0170
neat
[niːt]
☐ ☐ ☐

[형] 깔끔한; 산뜻한 ([유] tidy)
The living room is ***neat*** and tidy.
거실은 깨끗하게 정돈돼 있다.

0171
ash
[æʃ]
☐ ☐ ☐

[명] 재
Don't drop cigarette ***ash*** on the carpet.
카펫 위에 담뱃재를 떨어뜨리지 마시오.

0172
text
[tekst]
☐ ☐ ☐

[명] 본문; 원문
I have read this elementary ***text***.
나는 이 기본 텍스트를 읽었다.

0173
cave
[keiv]
☐ ☐ ☐

[명] 굴
I found him lying alone in the back of a ***cave***. 그가 동굴의 깊숙한 곳에서 혼자 누워 있는 것을 발견했다.

0174
teen
[tiːn]
☐ ☐ ☐

[명] 십대 ([유] teenager)
[부] 십대의 ([유] teenage)
Today's ***teen*** is tomorrow's adult.
오늘의 십대는 내일의 성인이다.

Minimal ✳ Phrases

☐ **plant a tree**   <u>나무</u>를 심다
☐ **kick a ball**   공을 <u>차다</u>
☐ **hunt deer**   <u>사슴</u> 사냥을 하다
☐ **deathly pale**   죽은 사람처럼 <u>창백한</u>
☐ **cure a patient**   환자를 <u>치료하다</u>
☐ **a pleasant task**   재미있는 <u>일</u>

0175

tree
[tri:]
☐ ☐ ☐

형 나무
Apples fell off the *tree*.
사과들이 나무에서 떨어졌다.

0176

kick
[kik]
☐ ☐ ☐

동 차다
She *kicked* him on the knee.
그녀는 그의 무릎을 걷어 찼다.

0177

deer
[diər]
☐ ☐ ☐

형 사슴
The *deer* ran off in alarm.
사슴은 놀라서 달아났다.

0178

pale
[peil]
☐ ☐ ☐

형 창백한
She looks *pale*.
그녀는 얼굴이 창백하다.

0179

cure
[kjuər]
☐ ☐ ☐

형 동 치료(하다)
Time *cured* him of his grief.
시간은 그의 슬픔을 가시게 해 주었다.

0180

task
[tæsk / ta:sk]
☐ ☐ ☐

형 일; 임무
She completed her *task*.
그녀는 임무를 마쳤다.

Minimal ✳ Phrases

□ **a minus** sign	마이너스 **기호**
□ prescribe a **pill**	**알약**을 처방하다
□ call the **vet**	**수의사**를 부르다
□ **feed** a dog	개에게 **먹이를 주다**
□ **seem** happy	**행복해 보이다**
□ **a bicycle** path	자전거 **도로**

0181

sign
[sain]

□ □ □

(명) 기호; 신호 (동) 서명하다
(signature (명) 서명)
The first *sign* of a gas leak is the smell. 가스 누출의 첫째 신호는 냄새이다.

0182

pill
[pil]

□ □ □

(명) 알약
It's a bitter *pill*.
이것은 쓴 알약이다.

0183

vet
[vet]

□ □ □

(명) 수의사 (veterinarian의 줄임말)
He decided to become either a doctor or a *vet*. 그는 의사나 수의사가 되기로 결심했다.

0184

feed
[fi:d]

□ □ □

(동) (음식을) 먹이다
A man is *feeding* the horse.
남자가 말에게 먹이를 주고 있다.

0185

seem
[si:m]

□ □ □

(동) ~인 것 같다, ~처럼 보이다
He *seems* young.
그는 젊어 보인다.

0186

path
[pæθ / pa:θ]

□ □ □

(명) 작은 길; 통로
I walked up the *path* through the woods.
나는 숲 속의 오솔길을 걸어 올라갔다.

Minimal ＊ Phrases

□ **have a** chat	**담소를** 나누다
□ **quiet** suburbs	**조용한** 교외
□ **a young** clerk	젊은 **사무원**
□ **treat as a child**	어린애같이 **다루다**
□ **a cow** thief	**소도둑**
□ **the** title **of the book**	그 책의 **제목**

0187

chat
[tʃæt]
□ □ □

명 동 잡담(하다)

Let's **chat** over tea.
차를 마시면서 이야기나 하자.

0188

quiet
[kwáiət]
□ □ □

형 조용한 (반 noisy)

The night was dark and **quiet**.
그날 밤은 어둡고 조용했다.

0189

clerk
[kləːrk / klɑːrk]
□ □ □

명 사무원; 점원

My sister is a **clerk**.
나의 누이는 사무원이다.

0190

treat
[triːt]
□ □ □

동 대우하다; 치료하다

They **treated** me with a new drug.
그들은 나를 신약으로 치료했다.

0191

thief
[θiːf]
□ □ □

명 도둑

The **thief** broke into his house last night.
어젯밤 그의 집에 도둑이 들었다.

0192

title
[táitl]
□ □ □

명 제목, 표제

I can't remember the **title** of the film.
나는 그 영화 제목을 기억하지 못한다.

9th day

- ☐ **a man of many faults**   **결점**이 많은 사람
- ☐ **change one's mind**   **마음**을 바꾸다
- ☐ **as graceful as a swan**   **백조**처럼 우아한
- ☐ **both of the brothers**   그 형제 **둘 다**
- ☐ **gather a crop**   **농작물**을 수확하다
- ☐ **a cold wind**   찬**바람**

0193

fault
[fɔːlt]

☐ ☐ ☐

명 결점; 잘못

It is easy for us to find *fault* with others.

남의 결점을 찾기는 쉽다.

0194

mind
[maind]

☐ ☐ ☐

명 마음, 정신 (반 body)

Tell me what you have in *mind*.

마음에 두고 있는 것을 말해 보아라.

0195

swan
[swan / swɔn]

☐ ☐ ☐

명 백조

A *swan* is swimming in the lake.

백조가 호수에서 헤엄치고 있다.

0196

both
[bouθ]

☐ ☐ ☐

대 양쪽, 쌍방

Both of them are dead.

그들은 둘 다 죽었다.

0197

crop
[krap / krɔp]

☐ ☐ ☐

명 농작물; 수확

The rice *crop* is already in.

벼의 추수가 벌써 끝났다.

0198

wind
[wind]

☐ ☐ ☐

명 바람

The *wind* was blowing.

바람이 불고 있었다.

Minimal ✱ Phrases

- ☐ **pass the examination** 시험에 **합격하다**
- ☐ **a domestic duck** 집**오리**
- ☐ **a little bird** **작은** 새
- ☐ **wave a flag** 깃발을 **흔들다**
- ☐ **a junk car** **고물**차
- ☐ **wear a mask** **가면**을 쓰다

0199
pass
[pæs / pa:s]
☐ ☐ ☐

[동] 지나가다; 건네주다; 합격하다
I have to ***pass*** this way to go to school.
나는 학교에 가기 위해 이 길을 지나가야 한다.

0200
duck
[dʌk]
☐ ☐ ☐

[명] 오리
The ***ducks*** are swimming in the pond.
오리들이 연못에서 헤엄치고 있다.

0201
little
[lítl]
☐ ☐ ☐

[형] 작은; 어린
My ***little*** finger hurts.
새끼손가락이 아프다.

0202
wave
[weiv]
☐ ☐ ☐

[명] 파도, 물결 [동] 흔들다
The ***waves*** are very high today.
오늘은 파도가 높다.

0203
junk
[dʒʌŋk]
☐ ☐ ☐

[명] 폐물, 쓰레기
The floor was piled high with ***junk***.
마루에는 잡동사니가 산더미처럼 쌓여 있었다.

0204
mask
[mæsk / ma:sk]
☐ ☐ ☐

[명] 가면
All of them are wearing ***masks***.
그들은 모두 가면을 쓰고 있다.

9th day

Minimal ＊ Phrases

☐ a water plant	수생 **식물**
☐ label a bottle	병에 **라벨을 붙이다**
☐ taste sour	신**맛이 나다**
☐ a noisy classroom	**시끄러운** 교실
☐ a smart student	**영리한** 학생
☐ an English exam	영어 **시험**

0205

plant
[plænt / plɑːnt]

☐ ☐ ☐

똉 식물 (맨 animal)
There are many wild *plants* in the field.
들에는 많은 야생 식물이 있다.

0206

label
[léibəl]

☐ ☐ ☐

똉 동 라벨(을 붙이다)
The washing instructions are on the *label*.
세탁방법은 라벨에 있다.

0207

taste
[teist]

☐ ☐ ☐

동 맛이 나다, 맛을 보다
It *tastes* sweet.
그것은 달콤한 맛이 난다.

0208

noisy
[nɔ́izi]

☐ ☐ ☐

똉 시끄러운, 떠들썩한 (맨 quiet)
The street is very *noisy* with traffic.
거리는 자동차들 때문에 무척 시끄럽다.

0209

smart
[smaːrt]

☐ ☐ ☐

똉 재치 있는, 스마트한
The policeman looks very *smart*.
그 경찰은 매우 재치 있어 보인다.

0210

exam
[igzǽm]

☐ ☐ ☐

똉 시험 (examination의 줄임말)
I studied for an *exam*.
나는 시험에 대비하여 공부했다.

44

Minimal ✳ Phrases

☐ **a spider's web**   거미줄
☐ **love and hate**   사랑과 **미움**
☐ **a wish for peace**   평화의 **소원**
☐ **cool even in August**   8월**인데도** 시원하다
☐ **ask about me**   나에 관해 **묻다**
☐ **try a job**   일을 **해보다**

0211
web
[web]
☐ ☐ ☐

몡 거미집; ～망
The spider is spinning a *web*.
거미가 거미줄을 잣고 있다.

0212
hate
[heit]
☐ ☐ ☐

동 싫어하다, 미워하다 (반 like, love)
몡 미움
They *hate* each other.
그들은 서로 미워한다.

0213
wish
[wiʃ]
☐ ☐ ☐

동 희망하다 몡 소원
The boy has a *wish* to meet the President.
그 소년은 대통령을 만나는 것이 소원이다.

0214
even
[íːvən]
☐ ☐ ☐

튄 ～조차, ～마저
Even a child can do it.
어린아이조차도 그것을 할 수 있다.

0215
ask
[æsk]
☐ ☐ ☐

동 묻다; 부탁하다
May I *ask* a question?
질문을 해도 되겠습니까?

0216
try
[trai]
☐ ☐ ☐

동 노력하다; 시도하다 몡 시도
He *tried* to help me.
그는 나를 도우려고 했다.

45

10th day

- ☐ the end of the story   이야기의 **끝**
- ☐ a devoted wife   헌신적인 **아내**
- ☐ the ruins of ancient Greece   고대 그리스 **유적**
- ☐ the size of the window   창문의 **크기**
- ☐ a sad story   **슬픈** 이야기
- ☐ bathe in the sun   **일광욕**을 하다

0217

end
[end]

☐ ☐ ☐

명 끝, 마지막

Hold the *end* of the stick.
막대 끝을 쥐어라.

0218

wife
[waif]

☐ ☐ ☐

명 아내

He needs a *wife* to look after him.
그는 자신을 보살펴 줄 아내가 필요하다.

0219

ruin
[rúːin]

☐ ☐ ☐

명 파멸; 폐허 (⊕ remains) 동 파괴하다

War brings misery and *ruin*.
전쟁은 불행과 파멸을 초래한다.

0220

size
[saiz]

☐ ☐ ☐

명 크기; 치수, 사이즈

These two caps are of the same *size*.
이 두 개의 모자는 같은 크기이다.

0221

sad
[sæd]

☐ ☐ ☐

형 슬픈 (반 glad)

I am very *sad*.
나는 매우 슬프다.

0222

sun
[sʌn]

☐ ☐ ☐

명 (the sun으로) 해, 태양

The *sun* rises in the east and sets in the west.
해는 동쪽에서 떠서 서쪽으로 진다.

46

Minimal ＊ Phrases

☐ **great fun**	커다란 **재미**
☐ **tell** a lie	거짓말을 **하다**
☐ a **rich** father	**부자** 아버지
☐ the **last** day	**마지막** 날
☐ a boat **race**	보트 **경주**
☐ a **weak** team	**약한** 팀

0223

fun
[fʌn]

☐ ☐ ☐

몡 장난, 재미

We had a lot of **fun** at the picnic.
우리는 소풍 가서 아주 재미있게 보냈다.

0224

tell
[tel]

☐ ☐ ☐

동 말하다

He **told** me the news.
그가 그 소식을 내게 말해 주었다.

0225

rich
[ritʃ]

☐ ☐ ☐

혱 부유한; 풍족한 (반 poor)

Korea is **rich** in seafood.
한국은 해산물이 풍부하다.

0226

last
[læst / lɑːst]

☐ ☐ ☐

혱 마지막의, 최후의 (반 first); 지난

I met him **last** Sunday.
나는 지난 일요일에 그를 만났다.

0227

race
[reis]

☐ ☐ ☐

몡 경주, 레이스

I was last in the **race**.
나는 경주에서 꼴찌로 들어왔다.

0228

weak
[wiːk]

☐ ☐ ☐

혱 약한 (반 strong)

She is very **weak**.
그녀는 몸이 아주 약하다.

10th day

☐ a short **span** of time	짧은 **기간**
☐ **cook** meat	**고기**를 요리하다
☐ **maybe** more	**아마** 그 이상이다
☐ **hire** a clerk	점원을 **고용하다**
☐ **roll** in the bed	침대에서 **뒹굴다**
☐ a **bug** in the kitchen	부엌의 **벌레**

0229

span
[spæn]

☐ ☐ ☐

몡 한 뼘; 기간; 짧은 거리
The elephant's life *span* is long.
코끼리의 수명은 길다.

0230

meat
[mi:t]

☐ ☐ ☐

몡 고기
I don't like *meat*.
나는 고기를 좋아하지 않는다.

0231

maybe
[méibi]

☐ ☐ ☐

튀 아마, 어쩌면
Maybe it's in my drawer.
그건 아마 내 서랍 안에 있을 거다.

0232

hire
[haiər]

☐ ☐ ☐

동 고용하다 (유 employ); 빌리다
(유 borrow) 몡 직원; 임차
We're trying to *hire* more people.
우린 고용할 사람을 더 찾고 있다.

0233

roll
[roul]

☐ ☐ ☐

동 굴리다; 말다 몡 감은 것
The children *rolled* the snowball
down the hill.
아이들은 언덕 아래로 눈덩이를 굴렸다.

0234

bug
[bʌg]

☐ ☐ ☐

몡 곤충 (유 insect)
He looked at a *bug*.
그는 벌레를 보았다.

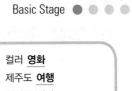
Minimal ＊ Phrases

☐ **a color film**	컬러 **영화**
☐ **a trip to Jejudo**	제주도 **여행**
☐ **gain popularity**	인기를 **얻다**
☐ **tell the truth**	**진실**을 말하다
☐ **be bitten by a crab**	**게**에게 물리다
☐ **a wolf in sheep's clothing**	양의 탈을 쓴 **늑대**

0235

film
[film]

☐ ☐ ☐

명 영화; 필름
Shall we go and see a *film*?
우리 영화 보러 가지 않을래?

0236

trip
[trip]

☐ ☐ ☐

명 (짧은) 여행
Have a good *trip*!
즐거운 여행 되세요!

0237

gain
[gein]

☐ ☐ ☐

동 얻다; 벌다 (유 earn) 명 벌이; 이익
He *gained* a lot of popularity.
그는 많은 인기를 얻었다.

0238

truth
[tru:θ]

☐ ☐ ☐

명 사실, 진실 (반 lie)
I doubt the *truth* of the story.
그 이야기가 정말인지 아닌지 의심스럽다.

0239

crab
[kræb]

☐ ☐ ☐

명 게
Animals like octopuses and *crabs* do not have a spine.
문어나 게 같은 동물들에게는 등뼈가 없다.

0240

wolf
[wulf]

☐ ☐ ☐

명 늑대, 이리
A *wolf* appeared behind a tree.
늑대 한 마리가 나무 뒤에서 나타났다.

11th **day**

Minimal ＊ Phrases

☐ **white sand**	하얀 **모래**
☐ **a wall of bricks**	**벽돌** 벽
☐ **a clear sky**	**맑은** 하늘
☐ **a war hero**	전쟁 **영웅**
☐ **draw a cart**	**수레**를 끌다
☐ **drop the price**	값을 **내리다**

0241

sand
[sænd]

☐ ☐ ☐

몡 모래
Children like to play with *sand*.
아이들은 모래를 가지고 놀기 좋아한다.

0242

brick
[brik]

☐ ☐ ☐

몡 벽돌
Some walls are made of *bricks*.
어떤 벽은 벽돌로 되어 있다.

0243

clear
[kliər]

☐ ☐ ☐

혱 맑은; 분명한
The water in the pond is very *clear*.
연못의 물은 매우 맑다.

0244

hero
[híərou]

☐ ☐ ☐

몡 영웅
Everybody needs a *hero*.
모든 사람은 영웅을 필요로 한다.

0245

cart
[ka:rt]

☐ ☐ ☐

몡 짐수레
The shopping *cart* is empty.
쇼핑 카트가 비어 있다.

0246

drop
[drap / drɔp]

☐ ☐ ☐

통 떨어지다, 내리다 몡 (액체의) 방울
Apples *dropped* to the ground.
사과는 땅으로 떨어졌다.

50

Minimal * Phrases

- □ **fresh fruit** 신선한 **과일**
- □ **get onto a horse** 말에 **올라**타다
- □ **pour water into a bucket** 양동이에 물을 **붓다**
- □ **fold clothes neatly** 옷을 말끔히 **접다**
- □ **make flour into bread** **밀가루**를 빵으로 만들다
- □ **the edge of the table** 테이블의 **가장자리**

0247
fruit
[fruːt]
□ □ □

[명] 과일, 열매
What *fruit* do you like best?
무슨 과일을 제일 좋아하니?

0248
onto
[ántuː]
□ □ □

[전] ~위에
A dog has jumped up *onto* the stage.
개가 무대 위로 뛰어올랐다.

0249
pour
[pɔːr]
□ □ □

[동] 따르다, 붓다
When you *pour* the hot tea, be careful!
뜨거운 차를 부을 때는 조심하렴!

0250
fold
[fould]
□ □ □

[동] 접다; (팔짱을) 끼다
I *folded* the paper in two.
나는 그 종이를 둘로 접었다.

0251
flour
[flauər]
□ □ □

[명] 밀가루
Flour is as white as snow.
밀가루는 눈처럼 하얗다.

0252
edge
[edʒ]
□ □ □

[명] (칼 등의) 날; 가장자리
The *edge* of this knife is dull.
이 칼날은 무디다.

11th day

Minimal ✱ Phrases

- ☐ the **heat** of the sun — 태양**열**
- ☐ a **ticking** clock — **똑딱거리는** 시계
- ☐ **users** of public transport — 대중교통 **이용자**
- ☐ a **part** of the apple pie — 애플파이의 한 **부분**
- ☐ fix the **date** — **날짜**를 정하다
- ☐ a very happy **life** — 매우 행복한 **생활**

0253
heat
[hi:t]
☐ ☐ ☐

[명] 열, 더위 ([반] cold)
The sun gives us light and ***heat***.
태양은 우리에게 빛과 열을 준다.

0254
tick
[tik]
☐ ☐ ☐

[명] 똑딱거리는 소리 [동] 똑딱거리다
The hours ***ticked*** by.
시간이 똑딱거리며 지나갔다.

0255
user
[jú:zər]
☐ ☐ ☐

[명] 사용자
He is a regular ***user*** of the subway.
그는 지하철을 정기적으로 이용한다.

0256
part
[pa:rt]
☐ ☐ ☐

[명] 부분 ([반] whole)
Mary cut the cake into four ***parts***.
메리는 케이크를 네 부분으로 잘랐다.

0257
date
[deit]
☐ ☐ ☐

[명] 날짜
What's the ***date*** today?
오늘이 며칠입니까?

0258
life
[laif]
☐ ☐ ☐

[명] 생활; 생명 ([반] death)
His ***life*** was in danger.
그의 생명이 위험했다.

Minimal ✱ Phrases

- ☐ give up **hope** — **희망**을 버리다
- ☐ a **dirty** face — **더러운** 얼굴
- ☐ a pain-killing **drug** — 진통**제**
- ☐ a **dish** of meat — 고기 한 **접시**
- ☐ **Okay**, I'll do it. — **좋아**, 내가 해 보지.
- ☐ a famous **painter** — 유명한 **화가**

0259
hope
[houp]
☐ ☐ ☐

[동] 바라다, 희망하다 [명] 희망, 기대
I ***hope*** to see you again.
당신을 다시 만나 뵙기를 바랍니다.

0260
dirty
[də́ːrti]
☐ ☐ ☐

[형] 더러운, 불결한 ([반] clean); 비열한
My feet were ***dirty***.
내 발은 더러웠다.

0261
drug
[drʌg]
☐ ☐ ☐

[명] 약; 마약
The ***drug*** operated well.
그 약은 효험이 있었다.

0262
dish
[diʃ]
☐ ☐ ☐

[명] 접시; 요리
The cook put the food in a ***dish***.
요리사는 음식을 접시에 담았다.

0263
okay
[òukéi]
☐ ☐ ☐

[형] 좋은 [감] 좋아
In April I broke my leg, but it is ***okay*** now.
4월에 다리가 부러졌는데 지금은 괜찮아.

0264
painter
[péintər]
☐ ☐ ☐

[명] 화가 ([유] artist)
He hopes to be a ***painter***.
그는 화가가 되기를 희망한다.

12th day

Minimal ✱ Phrases

- □ jump **into** the pool — 풀 **속으로** 뛰어들다
- □ **most** people — **대부분의** 사람들
- □ **cool** water — **시원한** 물
- □ **feel** pain — 통증을 **느끼다**
- □ **give** her a watch — 그녀에게 시계를 **주다**
- □ a **word** of advice — 충고 **한 마디**

0265

into [íntuː]

□ □ □

[전] 〈방향〉 ~의 안에; 〈변화〉 ~으로

A gentleman went ***into*** the hotel.

한 신사가 그 호텔 안으로 들어갔다.

0266

most [moust]

□ □ □

[형] 대부분의; (the most로) 가장 많은

[부] 가장, 가장 많이

He has the ***most*** books.

그가 책을 가장 많이 가지고 있다.

0267

cool [kuːl]

□ □ □

[형] 시원한, 서늘한 ([반] warm)

It is ***cool*** today.

오늘은 시원하다.

0268

feel [fiːl]

□ □ □

[동] 느끼다

Patients usually ***feel*** sad.

환자들은 대개 슬픔을 느낀다.

0269

give [giv]

□ □ □

[동] 주다 ([반] receive)

Can you ***give*** me that pencil?

그 연필을 나에게 줄 수 있니?

0270

word [wəːrd]

□ □ □

[명] 말; 단어

What does this ***word*** mean?

이 단어는 무슨 뜻입니까?

Minimal ✳ Phrases

☐ **black ink**	검정 **잉크**
☐ **a flat board**	**평평한** 판자
☐ **an edible frog**	식용**개구리**
☐ **a long tail**	긴 **꼬리**
☐ **twin brothers**	**쌍둥이** 형제
☐ **the teacher's role in society**	사회에서 교사의 **역할**

0271
ink
[iŋk]
☐ ☐ ☐

몡 잉크

He is writing with pen and **ink**.
그는 펜과 잉크로 쓰고 있다.

0272
flat
[flæt]
☐ ☐ ☐

혱 평평한, 납작한

People believed the earth was **flat**.
사람들은 지구가 평평하다고 믿었다.

0273
frog
[frɔːg / frag]
☐ ☐ ☐

몡 개구리

Snakes prey on **frogs**.
뱀은 개구리를 잡아먹는다.

0274
tail
[teil]
☐ ☐ ☐

몡 (동물의) 꼬리

A dog wagged its **tail**.
개가 꼬리를 흔들었다.

0275
twin
[twin]
☐ ☐ ☐

몡 (-s) 쌍둥이 혱 쌍둥이의

The **twins** look exactly the same.
그 쌍둥이는 정말 똑같다.

0276
role
[roul]
☐ ☐ ☐

몡 배역 (⑪ part); 역할

He played an important **role** in the meeting.
그는 그 모임에서 중요한 역할을 했다.

12th day

Minimal ✶ Phrases

□ a green leaf	푸른 잎
□ mow grass	풀을 베다
□ climb a wall	벽을 기어오르다
□ a gold watch	금시계
□ the first lady	대통령 부인[영부인]
□ turn to page 9	9페이지를 펴다

0277
leaf
[liːf]
□ □ □

[명] 잎, 나뭇잎 (〈복수〉 leaves)
Leaves fall in autumn.
가을에는 낙엽이 진다.

0278
mow
[mou]
□ □ □

[동] (풀 등을) 베다
I need to ***mow*** the lawn.
나는 잔디를 깎아야 한다.

0279
wall
[wɔːl]
□ □ □

[명] 벽, 담
The ***wall*** is high.
벽이 높다.

0280
gold
[gould]
□ □ □

[명] 금, 황금 (silver [명] 은)
There were several ***gold*** bars in the pond.
그 연못 안에는 금덩이가 여럿 있었다.

0281
lady
[léidi]
□ □ □

[명] 부인; 숙녀 ([반] gentleman)
Who is that ***lady***?
저 부인은 누구입니까?

0282
page
[peidʒ]
□ □ □

[명] 페이지, 쪽
I wrote my address on the top of the ***page***.
나는 페이지 윗부분에 내 주소를 썼다.

Minimal * Phrases

- □ a small town   작은 **도시**
- □ work on a farm   **농장**에서 일하다
- □ via the Panama Canal   파나마 운하를 **거쳐**
- □ a slow train   **완행열차**
- □ the roof of a car   차의 **지붕**
- □ act as host at a party   파티에서 **주인** 노릇을 하다

0283

town
[taun]
□ □ □

몡 읍, 소도시 (city보다는 작은 곳)
There are two high schools in our **town**.
우리 읍에는 고등학교가 둘 있다.

0284

farm
[fa:rm]
□ □ □

몡 농장
A farmer works on the **farm**.
농부는 농장에서 일한다.

0285

via
[váiə]
□ □ □

젠 ~을 경유하여 (윤 by way of)
He went to New York **via** London.
그는 런던을 거쳐 뉴욕으로 갔다.

0286

slow
[slou]
□ □ □

혱 느린, 더딘 (맨 quick, fast)
My watch is five minutes **slow**.
내 시계는 5분 늦다.

0287

roof
[ru:f / ruf]
□ □ □

몡 지붕
Our house has a red **roof**.
우리 집은 빨간 지붕이다.

0288

host
[houst]
□ □ □

몡 (손님에 대접하는) 주인 (맨 guest)
He did better as a **host** than as a guest.
그는 손님보다는 주인노릇을 더 잘했다.

13th day

Minimal ✱ Phrases

- ☐ **the upper ranks of society** 상류 사회
- ☐ **the sum total** 총액
- ☐ **open a gate** 문을 열다
- ☐ **a question mark** 물음표
- ☐ **print posters** 포스터를 인쇄하다
- ☐ **spell his name** 그의 이름의 철자를 쓰다

0289
rank
[ræŋk]
☐ ☐ ☐

[명] 계급; 열 [동] 서열을 세우다
We sat in the front ***rank***.
우리는 앞줄에 앉았다.

0290
total
[tóutl]
☐ ☐ ☐

[형] 전체의 ([유] whole), 합계의
The ***total*** number of students in this class is forty.
이 학급의 전체 학생 수는 40명이다.

0291
gate
[geit]
☐ ☐ ☐

[명] 문
A man is standing by the ***gate***.
한 사람이 문 옆에 서 있다.

0292
mark
[maːrk]
☐ ☐ ☐

[명] 점수; 표시; 기호 [동] 채점하다; 표시하다
There is a red ***mark*** where you hit your head.
네가 머리 부딪친 곳에 붉은 자국이 있다.

0293
print
[print]
☐ ☐ ☐

[명] [동] 인쇄(하다)
This book is clearly ***printed***.
이 책은 선명하게 인쇄되어 있다.

0294
spell
[spel]
☐ ☐ ☐

[동] (낱말을) 철자하다, ~의 철자를 쓰다
How do you ***spell*** the word?
그 낱말은 어떻게 철자합니까?

Minimal ✶ Phrases

- ☐ quite dark — 아주 어둡다
- ☐ move the table — 탁자를 옮기다
- ☐ a few minutes later — 몇 분 후에
- ☐ strike with a stick — 지팡이로 때리다
- ☐ clean cloth — 깨끗한 천
- ☐ a thick line — 굵은 선

0295
quite [kwait]
☐☐☐
[부] 아주, 꽤
He was ***quite*** young.
그는 꽤 젊었다.

0296
move [muːv]
☐☐☐
[동] 움직이다; 이사하다; 옮기다
He ***moved*** to an apartment.
그는 아파트로 이사했다.

0297
later [léitər]
☐☐☐
[부] 뒤에, 후일에
The accident took place a few minutes ***later***.
그 사고는 몇 분 후에 일어났다.

0298
stick [stik]
☐☐☐
[명] 막대기; 지팡이 [동] 찌르다
She gave me a ***stick*** of candy.
그녀는 내게 막대 사탕을 주었다.

0299
cloth [klɔθ]
☐☐☐
[명] 천, 직물
Mother bought a yard of ***cloth***.
어머니는 1야드의 천을 샀다.

0300
thick [θik]
☐☐☐
[형] 두꺼운 ([반] thin); 진한
The dictionary is very ***thick***.
그 사전은 매우 두껍다.

13th day

Minimal ✱ Phrases

- □ **bodily harm** 육체적 **피해**
- □ **throw a fast ball** 빠른 볼[속구]을 **던지다**
- □ **exchange gold for silver** 금과 **은**을 교환하다
- □ **take her photo** 그녀의 **사진**을 찍다
- □ **twist a thread** 실을 **꼬다**
- □ **slice an apple** 사과를 **얇게 썰다**

0301
harm
[haːrm]
□ □ □

[명] (손)해 [동] 해치다
Television can do students ***harm***.
텔레비전은 학생들에게 해를 끼칠 수 있다.

0302
throw
[θrou]
□ □ □

[동] 던지다
Throw the ball to me.
나에게 그 공을 던져라.

0303
silver
[sílvəːr]
□ □ □

[명] 은 [형] 은의, 은빛의
Silver is used for forks, dishes and other things.
은은 포크, 접시나 그 밖의 것에 쓰인다.

0304
photo
[fóutou]
□ □ □

[명] 사진 (photograph의 줄임말)
I'll take a ***photo*** of you.
네 사진을 찍어 줄게.

0305
twist
[twist]
□ □ □

[동] 꼬다, 비틀어 돌리다
The river ***twists*** through the field.
강은 들판을 굽이쳐 흐르고 있다.

0306
slice
[slais]
□ □ □

[명] 얇게 썬 조각 [동] 얇게 썰다
I ate a ***slice*** of toast for lunch.
나는 점심에 토스트 한 조각을 먹었다.

Minimal * Phrases

☐ **while** he was staying	그가 머무르는 **동안**
☐ **liquid** soap	액체 **비누**
☐ **tanks** for storing oil	석유 저장 **탱크**
☐ **play** in the green field	풀밭에서 **놀다**
☐ an old **pilot**	나이든 **조종사**
☐ a bar **chart**	막대**도표**

0307

while
[*h*wail]
☐ ☐ ☐

쥅 ~하는 동안
They arrived *while* we were having dinner.
우리가 저녁을 먹고 있는 동안에 그들이 도착했다.

0308

soap
[soup]
☐ ☐ ☐

몡 비누
Wash your hands with *soap*.
비누로 손을 씻어라.

0309

tank
[tæŋk]
☐ ☐ ☐

몡 탱크
He is filling his car's gas *tank*.
그는 자동차 연료 탱크에 급유하고 있다.

0310

field
[fi:ld]
☐ ☐ ☐

몡 들판; 분야
Cows are eating grass in the *field*.
소들이 들에서 풀을 먹고 있다.

0311

pilot
[páilət]
☐ ☐ ☐

몡 조종사, 파일럿
I want to be a *pilot*.
나는 조종사가 되고 싶다.

0312

chart
[tʃɑːrt]
☐ ☐ ☐

몡 도표
The *chart* illustrates how the body works.
그 도표는 신체의 기능을 설명한다.

14th day

Minimal ✳ Phrases

- □ 130 grams of salt — 130그램의 소금
- □ a liter of milk — 우유 1리터
- □ rush into the room — 방으로 뛰어 들어가다
- □ hear a voice — 목소리가 들리다
- □ one's goal in life — 인생의 목표
- □ a box of apples — 사과 한 상자

0313

gram [græm]

□ □ □

[명] 그램

Can I have 200 ***grams*** of cheese, please?

치즈 200g만 주시겠어요?

0314

liter [líːtər]

□ □ □

[명] 리터

A ***liter*** equals 1,000 cubic centimeters.

1리터는 1,000 c.c.에 해당한다.

0315

rush [rʌʃ]

□ □ □

[동] 돌진하다, 달려들다

He ***rushed*** at me.

그는 나에게 달려들었다.

0316

hear [hiər]

□ □ □

[동] 듣다, 들리다

We ***hear*** with our ears.

우리는 귀로 듣는다.

0317

goal [goul]

□ □ □

[명] 목적, 목표; 골

Goalkeepers need to keep the balls away from the ***goal***.

골키퍼는 공이 골에 못 들어오게 해야 한다.

0318

box [baks]

□ □ □

[명] 상자

He keeps his toys in a ***box***.

그는 장난감을 상자에 보관한다.

Minimal ✶ Phrases

☐ **fix a clock to the wall** — 벽에 시계를 **걸다**
☐ **rip a letter open** — 편지를 **찢어** 개봉하다
☐ **drink a cup of coffee** — 커피를 한 잔 **마시다**
☐ **spill milk** — 우유를 **엎지르다**
☐ **strike on the head** — **머리**를 때리다
☐ **a math problem** — **수학** 문제

0319

fix
[fiks]

☐ ☐ ☐

동 고정시키다; 정하다
The price is *fixed* at one dollar.
값은 1달러로 정해져 있다.

0320

rip
[rip]

☐ ☐ ☐

동 찢다, 찢어지다
The sleeve *ripped* away from the coat.
상의에서 소매가 찢어져 나갔다.

0321

drink
[driŋk]

☐ ☐ ☐

동 마시다
I want something to *drink*.
뭐 좀 마실 것이 있으면 좋겠다.

0322

spill
[spil]

☐ ☐ ☐

동 엎지르다
Tony *spilled* the water on the floor.
토니가 물을 바닥에 엎질렀다.

0323

head
[hed]

☐ ☐ ☐

명 머리
He is wearing a hat on his *head*.
그는 머리에 모자를 쓰고 있다.

0324

math
[mæθ]

☐ ☐ ☐

명 수학 (mathematics의 줄임말)
English is easier than *math*.
영어는 수학보다 쉽다.

14th day

Minimal ✶ Phrases

- □ a kind **heart** — 친절한 **마음씨**
- □ keep a **diary** — **일기**를 쓰다
- □ a flower **bud** — **꽃눈**
- □ take **root** — **뿌리**를 내리다
- □ the **final** round — **최종**회
- □ **fight** the enemy — 적과 **싸우다**

0325
heart
[haːrt]
□ □ □

[명] 심장; 마음
She has a kind ***heart***.
그녀는 친절한 마음씨를 가지고 있다.

0326
diary
[dáiəri]
□ □ □

[명] 일기, 일기장
She keeps a ***diary***.
그녀는 일기를 쓴다.

0327
bud
[bʌd]
□ □ □

[명] 꽃눈; 봉오리
The roses are still in ***bud***.
장미꽃은 아직 봉오리 상태다.

0328
root
[ruːt / rut]
□ □ □

[명] (식물의) 뿌리; 근본, 근원
Money is the ***root*** of all evil.
돈은 모든 악의 근원이다.

0329
final
[fáinəl]
□ □ □

[형] 마지막의; 결정적인 [명] 결승전
He is the ***final*** victor.
그는 최후의 승자다.

0330
fight
[fait]
□ □ □

[동] 싸우다, 다투다
The two boys ***fight*** each other.
두 소년은 서로 싸운다.

Basic Stage ● ● ● ● ●

Minimal ✳ Phrases

☐ **the front of a jacket**　　　상의의 **앞부분**
☐ **send him a card**　　　그에게 카드를 **보내다**
☐ **peck the corn**　　　옥수수를 **쪼아 먹다**
☐ **a list of members**　　　회원 **명부**
☐ **tell the fact**　　　**사실**을 말하다
☐ **this package here**　　　**여기**에 있는 이 소포

0331
front
[frʌnt]
☐ ☐ ☐

영 정면, 전방 (반 back)
There is a garden in *front* of the house.
집 앞에 정원이 있다.

0332
send
[send]
☐ ☐ ☐

동 보내다 (반 receive)
I shall *send* her some money.
나는 그녀에게 약간의 돈을 보낼 것이다.

0333
peck
[pek]
☐ ☐ ☐

동 쪼다
Woodpeckers *peck* holes in trees.
딱따구리는 나무를 쪼아 구멍을 뚫는다.

0334
list
[list]
☐ ☐ ☐

명 일람표, 리스트, 명부
His name is on the *list* of the graduates.
그의 이름은 졸업생 명부에 올라 있다.

0335
fact
[fækt]
☐ ☐ ☐

명 사실
It is a *fact* that everything changes.
모든 것이 변한다는 것은 사실이다.

0336
here
[hiər]
☐ ☐ ☐

명 여기 부 여기에, 여기에서
Here is a picture of our school.
여기에 우리 학교 사진이 있다.

65

15th day

- ☐ act like a mad man   미친 사람처럼 행동하다
- ☐ a fair decision   공정한 결정
- ☐ a row of houses   줄지어 선 집들
- ☐ need a friend   친구가 필요하다
- ☐ ride a bike   자전거를 타다
- ☐ make a dress   드레스를 만들다

0337

mad
[mæd]

☐ ☐ ☐

휑 미친 (㊀ crazy)
He is *mad* about photography.
그는 사진에 미쳐 있다.

0338

fair
[fɛər]

☐ ☐ ☐

휑 공정한 (㊀ just)
We must play a *fair* game.
우리는 공정한 경기를 해야 한다.

0339

row
[rou]

☐ ☐ ☐

웡 열, 줄 (㊀ line) 동 (배 등을) 젓다
The boys are standing in a *row*.
소년들은 한 줄로 서 있다.

0340

need
[ni:d]

☐ ☐ ☐

동 필요하다; (need to로) ~할 필요가 있다
You *need* to be more careful.
너는 좀 더 조심할 필요가 있다.

0341

bike
[baik]

☐ ☐ ☐

웡 자전거 (bicycle의 줄임말)
They go to school by *bike*.
그들은 자전거를 타고 등교한다.

0342

make
[meik]

☐ ☐ ☐

동 만들다; ~하게 하다
The children are *making* a snowman.
아이들은 눈사람을 만들고 있다.

Minimal ✶ Phrases

☐ work at a **bank**	**은행**에서 일하다
☐ grain **seeds**	곡물의 **종자**
☐ **grow** very quickly	매우 빨리 **성장하다**
☐ the **site** for a new school	신설 학교의 **부지**
☐ the **boss** of a company	회사의 **우두머리**
☐ a ship far **away**	멀리 **떨어진** 배

0343
bank
[bæŋk]
☐ ☐ ☐

[명] 은행
You can save your money in the ***bank***.
너는 은행에 너의 돈을 저금할 수 있다.

0344
seed
[siːd]
☐ ☐ ☐

[명] 씨
Plants develop from ***seeds***.
식물은 씨에서 자란다.

0345
grow
[grou]
☐ ☐ ☐

[동] 성장하다; 재배하다; ~으로 되다
He ***grows*** many plants.
그는 많은 식물들을 재배한다.

0346
site
[sait]
☐ ☐ ☐

[명] 터, 부지; 사이트 〈컴퓨터〉
They situated a factory on a suitable ***site***.
그들은 적당한 장소에 공장을 세웠다.

0347
boss
[bɔːs / bas]
☐ ☐ ☐

[명] 우두머리, 상사, 사장
My ***boss*** is a workaholic.
우리 사장님은 일벌레다.

0348
away
[əwéi]
☐ ☐ ☐

[부] 떨어져서; 부재하여
He is ***away*** from home.
그는 집에 없다.

15th day

☐ **a lazy man**	**게으른** 사람
☐ **believe in God**	**신**을 믿다
☐ **mop up spilt water**	엎지른 물을 **닦다**
☐ **juice in a pot**	**단지** 속의 주스
☐ **eat only bread**	**빵만** 먹다
☐ **join a club**	**클럽**에 입회하다

0349
lazy
[léizi]

☐ ☐ ☐

(형) 게으른, 꾀부리는 (반 diligent)
The *lazy* boys failed the examination.
그 게으른 소년들은 시험에 떨어졌다.

0350
god
[gad / gɔd]

☐ ☐ ☐

(명) 신, 하느님
Many people believe in *God.*
많은 사람들은 신을 믿는다.

0351
mop
[map / mɔp]

☐ ☐ ☐

(명) 대걸레 (동) 대걸레로 닦다
He's *mopping* the floor.
그는 대걸레로 바닥을 청소하고 있다.

0352
pot
[pat / pɔt]

☐ ☐ ☐

(명) 항아리, 단지, 포트
She took a *pot* out of the oven.
그녀는 오븐에서 단지를 꺼냈다.

0353
only
[óunli]

☐ ☐ ☐

(형) 유일한 (부) 오직, 겨우
You are the *only* one that I can trust.
내가 믿을 수 있는 사람은 너 하나뿐이다.

0354
club
[klʌb]

☐ ☐ ☐

(명) 클럽, 동호회; 곤봉
My *club* has a meeting twice a week.
우리 클럽은 1주일에 두 번 모임을 갖는다.

Minimal ＊ Phrases

☐ **a bright star**	밝은 **별**
☐ **rich soil**	기름진 **땅**
☐ **die young**	젊어서 **죽다**
☐ **a strong link**	강한 **유대**
☐ **a deep sea**	깊은 **바다**
☐ **share joy**	**기쁨**을 나누다

0355

star
[staːr]

☐ ☐ ☐

몡 별

We can see many ***stars*** at night.
우리는 밤에 많은 별을 볼 수 있다.

0356

soil
[sɔil]

☐ ☐ ☐

몡 흙, 땅

Plants take water from the ***soil***.
식물은 땅에서 물을 얻는다.

0357

die
[dai]

☐ ☐ ☐

통 죽다

Man must ***die***.
인간은 반드시 죽는다.

0358

link
[liŋk]

☐ ☐ ☐

몡 고리; 유대 통 잇다

The ***link*** between sisters is strong.
자매들 간의 유대가 강하다.

0359

sea
[siː]

☐ ☐ ☐

몡 바다

Sea water is salt water.
바닷물은 소금물이다.

0360

joy
[dʒɔi]

☐ ☐ ☐

몡 기쁨

I heard a shout of ***joy***.
나는 환호성을 들었다.

16th day

- ☐ a grocery bill   식료품점의 **계산서**
- ☐ owe 10,000 won   **빚이** 만 원 **있다**
- ☐ bow to my teacher   선생님께 **머리를 숙이다**
- ☐ pull a dog's tail   개의 꼬리를 **잡아당기다**
- ☐ a wonderful view   멋진 **전망**
- ☐ shoot at a bird   **새**를 쏘다

0361

bill
[bil]

☐ ☐ ☐

몡 계산서 (윤 check), 청구서; 지폐

Can I have the *bill*?
계산서 좀 주세요.

0362

owe
[ou]

☐ ☐ ☐

동 빚지고 있다

I *owe* you an apology.
당신에게 사과할 일이 있습니다.

0363

bow
[bau]

☐ ☐ ☐

동 절하다, 머리를 숙이다

They *bowed* to the king.
그들은 왕에게 절을 했다.

0364

pull
[pul]

☐ ☐ ☐

동 끌다, 당기다 (뱐 push)

He *pulled* my hair.
그는 나의 머리를 잡아당겼다.

0365

view
[vjuː]

☐ ☐ ☐

몡 전망, 경치; 관점

My room has a good *view*.
내 방은 전망이 좋다.

0366

bird
[bəːrd]

☐ ☐ ☐

몡 새

A *bird* is flying in the sky.
새가 하늘을 날고 있다.

Minimal * Phrases

☐ **a birthday gift**	생일 **선물**
☐ **heavy rain**	**큰**비
☐ **burn paper**	종이를 **태우다**
☐ **sink under water**	물에 **잠기다**
☐ **fan one's face with a notebook**	노트로 얼굴을 **부치다**
☐ **a low voice**	**낮은** 목소리

0367

gift
[gift]

☐ ☐ ☐

몡 선물
This watch is a **gift** from my grandma.
이 시계는 할머니께서 주신 선물이다.

0368

rain
[rein]

☐ ☐ ☐

몡 비 통 〈it을 주어로 하여〉 비가 오다
We had a lot of **rain** this year.
올해는 비가 많이 왔다.

0369

burn
[bə:rn]

☐ ☐ ☐

통 불타다, 타다; 불태우다
The coal is **burning**.
석탄이 타고 있다.

0370

sink
[siŋk]

☐ ☐ ☐

통 가라앉다; (해·달이) 지다
The sun was **sinking** in the west.
해가 서쪽으로 지고 있었다.

0371

fan
[fæn]

☐ ☐ ☐

몡 부채, 선풍기; 팬 통 부치다
I am a great **fan** of the Korean soccer team.
나는 한국 축구팀의 열렬한 팬이다.

0372

low
[lou]

☐ ☐ ☐

혱 낮은 (凡 high); (값이) 싼
I bought this fountain pen at a **low** price.
나는 이 만년필을 싼 값에 샀다.

71

16th day

Minimal ✱ Phrases

- ☐ next of kin — 가장 가까운 친척인
- ☐ a little kid — 어린 아이
- ☐ a dust bin — 쓰레기통
- ☐ pray for pardon — 용서를 빌다
- ☐ a truly beautiful picture — 참으로 아름다운 그림
- ☐ the care of a baby — 아기를 돌봄

0373
kin
[kin]
☐☐☐

[명] 친척 ([유] relatives)
He is ***kin*** to me.
그는 내 친척이다.

0374
kid
[kid]
☐☐☐

[명] 아이
I took the ***kids*** to the park.
나는 아이들을 공원에 데리고 갔다.

0375
bin
[bin]
☐☐☐

[명] 큰 상자; 저장소
The clerk is putting fruit in ***bins***.
점원이 과일을 상자에 담고 있다.

0376
pray
[prei]
☐☐☐

[동] 빌다; 간청하다
They ***prayed*** for rain.
그들은 비를 내려달라고 빌었다.

0377
truly
[trú:li]
☐☐☐

[부] 진실로
He was a ***truly*** great politician.
그는 참으로 위대한 정치가였다.

0378
care
[kɛər]
☐☐☐

[명] 주의; 돌봄, 보호
He is full of ***care***.
그는 주의 깊은 사람이다.

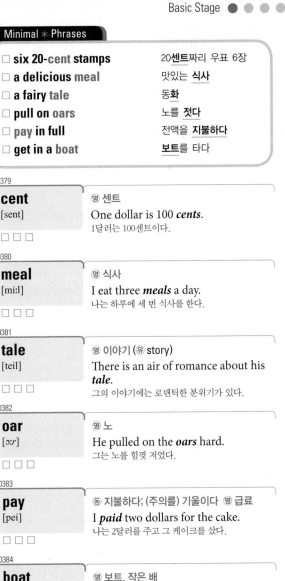

Minimal * Phrases

□ **six 20-cent stamps**	20**센트**짜리 우표 6장
□ **a delicious meal**	맛있는 **식사**
□ **a fairy tale**	**동화**
□ **pull on oars**	노를 **젓다**
□ **pay in full**	전액을 **지불하다**
□ **get in a boat**	**보트**를 타다

0379

cent
[sent]

□ □ □

몡 센트

One dollar is 100 *cents*.
1달러는 100센트이다.

0380

meal
[mi:l]

□ □ □

몡 식사

I eat three *meals* a day.
나는 하루에 세 번 식사를 한다.

0381

tale
[teil]

□ □ □

몡 이야기 (㊠ story)

There is an air of romance about his *tale*.
그의 이야기에는 로맨틱한 분위기가 있다.

0382

oar
[ɔ:r]

□ □ □

몡 노

He pulled on the *oars* hard.
그는 노를 힘껏 저었다.

0383

pay
[pei]

□ □ □

통 지불하다; (주의를) 기울이다 몡 급료

I *paid* two dollars for the cake.
나는 2달러를 주고 그 케이크를 샀다.

0384

boat
[bout]

□ □ □

몡 보트, 작은 배

We took a *boat* on the lake.
우리들은 호수에서 보트를 탔다.

17th day

Minimal ★ Phrases

- □ dressed in **pink** — **분홍색** 옷을 입은
- □ the birth **rate** — 출산**율**
- □ the **calm** before the storm — 폭풍우 전의 **고요**
- □ **hide** behind a tree — 나무 뒤에 **숨다**
- □ a **pet** dog — **애완**견
- □ a **file** of the Times — 더 타임스 **철**

0385
pink [piŋk]
□ □ □

[명] [형] 분홍색(의)
She sent him a ***pink*** rose.
그녀는 그에게 분홍 장미 한 송이를 보냈다.

0386
rate [reit]
□ □ □

[명] 비율; 금액; 속도
The birth ***rate*** is falling sharply.
출산율이 급격히 떨어지고 있다.

0387
calm [kaːm]
□ □ □

[형] 잔잔한, 고요한 [동] 진정하다
[명] 잔잔함, 정적
After the storm comes a ***calm***.
폭풍우가 지나면 고요함이 온다.

0388
hide [haid]
□ □ □

[동] 감추다; 숨(기)다
He ***hid*** his diary under the desk.
그는 그의 일기장을 책상 밑에 숨겼다.

0389
pet [pet]
□ □ □

[명] 애완동물
I want to keep a ***pet*** dog.
나는 애완견을 기르고 싶다.

0390
file [fail]
□ □ □

[명] 서류철 [동] 철하다
I need those ***files*** by tomorrow morning.
그 서류철이 내일 아침까지 필요하다.

Minimal ＊ Phrases

□ cry with pain	통증으로 소리치다
□ jump into the sea	바다 속으로 뛰어들다
□ seek the truth	진리를 탐구하다
□ a broad face	넓적한 얼굴
□ fill in a form	서류를 작성하다
□ free time	자유 시간

0391
pain
[pein]

□ □ □

몡 아픔, 고통
I feel *pain* in my hands.
손이 아프다.

0392
jump
[dʒʌmp]

□ □ □

용 뛰다, 뛰어오르다
The dog *jumped* over the fence.
그 개는 담을 뛰어넘었다.

0393
seek
[siːk]

□ □ □

용 찾다; 추구하다
I'm *seeking* a solution to the problem.
나는 그 문제의 해결책을 찾고 있다.

0394
face
[feis]

□ □ □

몡 얼굴; 표면, 겉
He is washing his *face*.
그는 얼굴을 씻고 있다.

0395
form
[fɔːrm]

□ □ □

몡 형, 종류 (⊕ kind); 서류양식
Fill in this *form*, please.
이 서류를 작성하세요.

0396
free
[friː]

□ □ □

몡 자유로운; 무료의; 한가한 (⊕ busy)
Lincoln set the slaves *free*.
링컨은 노예를 해방했다.

75

17th day

Minimal ✶ Phrases

- ☐ **slip** on the snow — 눈 위를 **미끄러지다**
- ☐ **fall** to the ground — 땅에 **떨어지다**
- ☐ light the **gas** — **가스**에 불을 붙이다
- ☐ a **coin** changer — **동전** 교환기
- ☐ **pick** flowers — 꽃을 **꺾다**
- ☐ a low **rent** — 싼 **임대료**

0397
slip
[slip]
☐ ☐ ☐

[동] 미끄러지다
He ***slipped*** on a banana skin.
그는 바나나 껍질을 밟아서 미끄러졌다.

0398
fall
[fɔːl]
☐ ☐ ☐

[동] 떨어지다; (비 등이) 내리다; 넘어지다
Snow is ***falling*** from the sky.
하늘에서 눈이 내리고 있다.

0399
gas
[gæs]
☐ ☐ ☐

[명] 기체; 가스; 〈미〉 휘발유
Turn on[off] the ***gas***.
가스를 켜라[꺼라].

0400
coin
[kɔin]
☐ ☐ ☐

[명] 주화, 동전
Bronze ***coins*** began to be used in China in 400 B.C. 구리 동전은 기원전 400년에 중국에서 사용되기 시작했다.

0401
pick
[pik]
☐ ☐ ☐

[동] 따다, 꺾다; 고르다, 뽑다
They ***picked*** all the apples.
그들은 모든 사과를 땄다.

0402
rent
[rent]
☐ ☐ ☐

[명] 집세, 임대료 [동] 임대하다
She pays her ***rent*** every week.
그녀는 매주 임대료를 지불한다.

Minimal ✱ Phrases

- ☐ a big **rock** — 큰 **바위**
- ☐ **plan** a party — 파티를 **계획하다**
- ☐ a good **fairy** — 착한 **요정**
- ☐ call his **name** — 그의 **이름**을 부르다
- ☐ **dive** into a river — 강물에 **뛰어들다**
- ☐ **hold** an arm — 팔을 **잡다**

0403
rock
[rak / rɔk]
☐ ☐ ☐

[명] 바위
I sat down on a ***rock***.
나는 바위에 앉았다.

0404
plan
[plæn]
☐ ☐ ☐

[동] 계획하다, ~할 작정이다 [명] 계획
At breakfast I ***planned*** my day.
아침을 먹으며 나는 하루를 계획했다.

0405
fairy
[fέ(ə)ri]
☐ ☐ ☐

[명] 요정
Do you believe ***fairies*** exist?
당신은 요정이 존재한다고 믿으세요?

0406
name
[neim]
☐ ☐ ☐

[명] 이름
What is your ***name***?
당신의 이름은 무엇입니까?

0407
dive
[daiv]
☐ ☐ ☐

[동] 뛰어들다 [명] 다이빙
The woman is watching the boy ***dive***.
여자가 소년이 다이빙하는 것을 보고 있다.

0408
hold
[hould]
☐ ☐ ☐

[동] (손에) 들다, 쥐다 ([유] grasp, grip); (모임을) 열다; 유지하다
He is ***holding*** a bat in his right hand.
그는 오른손에 배트를 들고 있다.

18th day

Minimal * Phrases

- □ **Sir Isaac Newton** 아이삭 뉴턴 **경**
- □ **a vegetable diet** 채**식**
- □ **a wise judge** **현명한** 재판관
- □ **bake pottery** 도자기를 **굽다**
- □ **lift a heavy ax** 무거운 **도끼**를 들어 올리다
- □ **an electric iron** 전기**다리미**

0409
sir
[səːr]
□ □ □

[명] 님, 씨, 선생님; 경 〈호칭〉

Good morning, ***sir***.
안녕하십니까, 선생님.

0410
diet
[dáiət]
□ □ □

[명] 식단; 특별식

It is important to have a balanced ***diet***.
균형 잡힌 식사를 하는 것이 중요하다.

0411
wise
[waiz]
□ □ □

[형] 현명한, 슬기로운 ([반] foolish)

The heroine was brave and ***wise***.
그 여주인공은 용감하고 현명했다.

0412
bake
[beik]
□ □ □

[동] (오븐으로) 굽다

He is ***baking*** bread in the oven.
그는 오븐에 빵을 굽고 있다.

0413
ax
[æks]
□ □ □

[명] 도끼

He cut down a tree with an ***ax***.
그는 도끼로 나무 한 그루를 베어 넘어뜨렸다.

0414
iron
[áiərn]
□ □ □

[명] 철; 다리미

Strike while the ***iron*** is hot.
쇠는 달구어졌을 때 두드려라.

Minimal ✱ Phrases

□ a **pond** in the garden	정원의 **연못**
□ have **dull** senses	감각이 **둔하다**
□ **catch** a ball	공을 **받다**
□ a **main** event	**주요** 행사
□ a **loud** voice	**큰** 소리
□ a **bowl** of rice	밥 한 **공기**

0415
pond
[pand / pɔnd]
□ □ □

[명] 연못
They have a ***pond*** in the garden.
그들은 연못에 정원을 갖고 있다.

0416
dull
[dʌl]
□ □ □

[형] 둔한 ([반] keen, sharp); 지루한
His story was ***dull***.
그의 이야기는 재미없었다.

0417
catch
[kætʃ]
□ □ □

[동] 붙들다, 잡다; (차 시간에) 대다; (병에) 걸리다
I have ***caught*** a cold.
나는 감기에 걸렸다.

0418
main
[mein]
□ □ □

[형] 주요한, 으뜸가는
This is the ***main*** street of this town.
이곳이 이 도시의 번화가이다.

0419
loud
[laud]
□ □ □

[형] 큰소리의, 소리가 높은 ([반] quiet)
He spoke to me in a ***loud*** voice.
그는 큰소리로 나에게 말했다.

0420
bowl
[boul]
□ □ □

[명] 사발, 그릇
First, a ***bowl*** of vegetable soup was served. 먼저 야채 수프가 나왔다.

☐ of one's own	자기 소유의
☐ ring a bell	벨을 울리다
☐ a large house	큰 집
☐ an alarm clock	자명종 시계
☐ save her life	그녀의 목숨을 구하다
☐ a chip of wood	나무토막

0421

own
[oun]

☐☐☐

형 자기 자신의 동 소유하다
This is my *own* house.
이것은 내 소유의 집이다.

0422

ring
[riŋ]

☐☐☐

동 (벨이·벨을) 울리다
The bell is *ringing*.
벨이 울리고 있다.

0423

large
[la:rdʒ]

☐☐☐

형 큰, 넓은 (유 big 반 small)
He had *large* black eyes.
그는 크고 검은 눈을 가졌다.

0424

clock
[klak / klɔk]

☐☐☐

명 (괘종)시계
There is a *clock* on the wall.
벽에 시계가 하나 있다.

0425

save
[seiv]

☐☐☐

동 구하다; 저축[절약]하다
He *saved* some money for his trip.
그는 여행을 위해 얼마간의 돈을 저축했다.

0426

chip
[tʃip]

☐☐☐

명 조각; 토막
Chips of wood are floating in the
water. 나무토막들이 물에 떠다니고 있다.

Minimal * Phrases

☐ **this week**	이번 **주**
☐ **push at the back**	뒤에서 **밀다**
☐ **a hole in the roof**	지붕의 **구멍**
☐ **win first prize**	1등**상**을 받다
☐ **cut the rope**	**줄**을 끊다
☐ **change the bulb**	**전구**를 갈다

0427

week
[wiːk]
☐ ☐ ☐

몡 주 (일요일부터 토요일까지); 7일간
There are seven days in a *week*.
1주일은 7일이다.

0428

push
[puʃ]
☐ ☐ ☐

동 밀다, 밀고 나아가다 (반 pull)
He *pushed* me suddenly.
그는 갑자기 나를 밀었다.

0429

hole
[houl]
☐ ☐ ☐

몡 구멍
The girl is digging a *hole*.
소녀가 구멍을 파고 있다.

0430

prize
[praiz]
☐ ☐ ☐

몡 상
He gave me a clock as a *prize*.
그는 나에게 상으로 시계를 주었다.

0431

rope
[roup]
☐ ☐ ☐

몡 줄, 로프
I tied up my package with a *rope*.
나는 짐을 줄로 묶었다.

0432

bulb
[bʌlb]
☐ ☐ ☐

몡 전구; 알뿌리
The light *bulb* went out.
전구가 불이 안 들어온다.

81

19th day

☐ **throw trash away** <u>쓰레기</u>를 내버리다
☐ **greet a person with a handshake** 악수로 사람을 **맞이하다**
☐ **a north wind** 북풍
☐ **melt iron** 철을 **녹이다**
☐ **a long nose** 긴 **코**
☐ **cotton candy** 솜사탕

0433

trash
[træʃ]

☐ ☐ ☐

명 쓰레기

I saw a lot of **trash** on the riverside.
강가에서 많은 쓰레기를 보았다.

0434

greet
[griːt]

☐ ☐ ☐

동 인사하다, 환영하다

They **greeted** me with a smile.
그들은 미소로써 나를 환영했다.

0435

north
[nɔːrθ]

☐ ☐ ☐

명 북쪽 형 북쪽의 부 북쪽으로

The English Channel lies between the **North** Sea and the Atlantic.
영국 해협은 북해와 대서양 사이에 있다.

0436

melt
[melt]

☐ ☐ ☐

동 녹다, 녹이다

Ice **melts** into water.
얼음은 녹아서 물이 된다.

0437

nose
[nouz]

☐ ☐ ☐

명 코

We smell with our **nose**.
우리는 코로 냄새를 맡는다.

0438

candy
[kǽndi]

☐ ☐ ☐

명 사탕

My kids love these **candy** bars.
우리 애들은 이 캔디바를 너무 좋아한다.

82

Minimal ✻ Phrases

☐ **a black suit**	<u>검은색</u> 정장
☐ **a piece of bread**	빵 한 <u>조각</u>
☐ **a steel helmet**	<u>철</u>모
☐ **a sharp knife**	예리한 <u>칼</u>
☐ **a flock of crows**	<u>까마귀</u> 떼
☐ **go on a hare hunt**	<u>토끼</u> 사냥가다

0439

black
[blæk]

☐ ☐ ☐

몡 혱 검은(색)

The blue pencil is longer than the *black* pencil.
파란 연필이 검은 연필보다 더 길다.

0440

piece
[piːs]

☐ ☐ ☐

몡 조각; 한 개

I need a *piece* of chalk.
나는 분필 한 자루가 필요하다.

0441

steel
[stiːl]

☐ ☐ ☐

몡 강철

This factory produces *steel*.
이 공장은 강철을 생산한다.

0442

knife
[naif]

☐ ☐ ☐

몡 칼

We cut the cake with a *knife*.
우리는 칼로 케이크를 잘랐다.

0443

crow
[krou]

☐ ☐ ☐

몡 까마귀

His feet are as black as a *crow*.
그의 발은 까마귀처럼 새까맣다.

0444

hare
[hɛər]

☐ ☐ ☐

몡 산토끼

Many *hares* turn white in winter.
많은 산토끼들이 겨울에는 하얗게 변한다.

19th day

☐ **a random sample**	**무작위** 견본
☐ **put a bag down**	가방을 **내려놓다**
☐ **a car on the road**	**도로** 위의 차
☐ **a stunt pilot**	**곡예** 비행사
☐ **a deep pond**	**깊은** 연못
☐ **cut wood**	**나무를** 자르다

0445

random
[rǽndəm]

☐ ☐ ☐

ⓗ 임의의

He made a ***random*** collection of old stamps.
그는 옛날 우표를 닥치는 대로 수집했다.

0446

down
[daun]

☐ ☐ ☐

ⓑ 아래로 (ⓡ up)
ⓟ ~아래쪽으로, ~을 내려가서

The car is going ***down*** the hill.
그 차는 언덕을 내려가고 있다.

0447

road
[roud]

☐ ☐ ☐

ⓜ 길, 도로

There are many cars on the ***road***.
도로에는 많은 차들이 있다.

0448

stunt
[stʌnt]

☐ ☐ ☐

ⓜ 묘기, 곡예

You can see a ***stunt*** man in the largest picture.
가장 큰 사진에서 스턴트맨을 볼 수 있다.

0449

deep
[di:p]

☐ ☐ ☐

ⓗ 깊은 (ⓡ shallow)

The lake is twenty meters ***deep***.
그 호수는 깊이가 20미터이다.

0450

wood
[wud]

☐ ☐ ☐

ⓜ 나무, 목재

The box is made of ***wood***.
그 상자는 나무로 만들어졌다.

Minimal ✱ Phrases

☐ be tired of hearing	듣는 데 **지치다**
☐ blow out a candle	촛불을 **끄다**
☐ mosquitoes buzz	모기가 **윙윙거리다**
☐ a glass tray	유리 **쟁반**
☐ a foolish boy	**어리석은** 소년
☐ trust her	그녀를 **믿다**

0451

tired
[taiəːrd]

☐ ☐ ☐

휑 피곤한, 지친

I am very *tired*.
나는 몹시 피곤하다.

0452

blow
[blou]

☐ ☐ ☐

동 불다

The wind *blew* dry and cold.
건조하고 차가운 바람이 불었다.

0453

buzz
[bʌz]

☐ ☐ ☐

몡 윙윙거리는 소리 동 (벌 등이) 윙윙거리다

The fly *buzzed* around.
파리가 윙윙거리며 돌아다녔다.

0454

tray
[trei]

☐ ☐ ☐

몡 쟁반

The *trays* are stacked on the counter.
쟁반들이 카운터에 쌓여 있다.

0455

foolish
[fúːliʃ]

☐ ☐ ☐

휑 바보 같은, 멍청한 (밴 wise)

It is *foolish* to play in the rain.
빗속에서 노는 것은 바보 같은 짓이다.

0456

trust
[trʌst]

☐ ☐ ☐

동 신뢰하다, 믿다

I can't *trust* him.
나는 그를 신뢰할 수 없다.

85

Essential Stage

중학생이면 누구나 꼭 알아야 할 단어이므로 이것만 모두 암기하면 영어에 대한 두려움이 사라질 것입니다.

20th day

☐ an oyster shell	굴 껍데기
☐ sniff the sea air	바다 공기를 **들이마시다**
☐ a family trait	가족의 **특징**
☐ a mere 2% of the budget	예산의 **겨우** 2%
☐ a rude manner	**무례한** 태도
☐ neither read nor write	읽지**도** 쓰지**도 못하다**

0457

shell
[ʃel]

☐ ☐ ☐

뗑 조가비; (달걀·조개 등의) 껍질

He's picking up *shells* on the beach.
그는 바닷가에서 조개껍질을 줍고 있다.

0458

sniff
[snif]

☐ ☐ ☐

통 코를 킁킁거리다

The dog *sniffed* at the stranger.
개는 낯선 사람의 냄새를 킁킁대며 맡았다.

0459

trait
[treit]

☐ ☐ ☐

뗑 특색, 특성

Generosity is one of her most pleasing *traits*. 관대함은 가장 호감이 가는 그녀의 특성 가운데 하나이다.

0460

mere
[miər]

☐ ☐ ☐

혱 단순한; 단지

It was a *mere* coincidence.
그것은 단순한 우연의 일치였다.

0461

rude
[ruːd]

☐ ☐ ☐

혱 무례한, 버릇없는

He is a *rude* fellow.
그는 예의를 모른다.

0462

nor
[nɔːr]

☐ ☐ ☐

쩹 (neither A nor B) A도 B도 아니다

It is neither too cold *nor* too hot.
너무 춥지도 너무 덥지도 않다.

Minimal ✱ Phrases

- ☐ fleas bite — 벼룩이 물다
- ☐ a card trick — 카드 속임수
- ☐ catch an animal alive — 동물을 산 채로 잡다
- ☐ a lucky day — 길일
- ☐ mow the lawn — 잔디를 베어내다
- ☐ spit blood — 피를 토하다

0463
flea
[fliː]
☐☐☐

[명] 벼룩
The cat has ***fleas***.
그 고양이는 벼룩이 있다.

0464
trick
[trik]
☐☐☐

[명] 묘기; 장난
We were very amused with his ***tricks***.
우리는 그의 묘기로 즐거웠다.

0465
alive
[əláiv]
☐☐☐

[형] 살아 있는; 생생한 ([반] dead)
He is still ***alive***.
그는 아직도 살아 있다.

0466
lucky
[lʌ́ki]
☐☐☐

[형] 행운의
You were ***lucky*** that you met him then.
그때 그를 만났다니 너는 운이 좋았다.

0467
lawn
[lɔːn]
☐☐☐

[명] 잔디
We hired a man to mow the ***lawn***.
우리는 잔디 깎는 사람을 고용했다.

0468
spit
[spit]
☐☐☐

[동] 뱉다; 토하다 [명] 침
You should not ***spit*** on the street.
길에 침을 뱉으면 안 된다.

20th day

Minimal * Phrases

☐ **current topics**   요즘의 **화제**
☐ **shed sweat**   땀을 **흘리다**
☐ **a brief skirt**   **짧은** 치마
☐ **pack (up) clothes**   옷가지를 **꾸리다**
☐ **an automobile horn**   자동차 **경적**
☐ **a high price**   **고가**

0469

topic
[tápik / tɔ́pik]

☐ ☐ ☐

몡 화제
She is interested in current ***topics***.
그녀는 시사 문제에 관심이 있다.

0470

shed
[ʃed]

☐ ☐ ☐

통 뿌리다, (눈물·피 등을) 흘리다
The girl ***shed*** tears.
소녀는 눈물을 흘렸다.

0471

brief
[bri:f]

☐ ☐ ☐

혱 짧은, 간단한
His answer was ***brief***.
그의 대답은 간결했다.

0472

pack
[pæk]

☐ ☐ ☐

몡 꾸러미, 짐 통 꾸리다, 짐을 싸다
I ***packed*** my luggage.
나는 짐을 꾸렸다.

0473

horn
[hɔːrn]

☐ ☐ ☐

몡 (소·양 등의) 뿔; 경적
Bulls have a pair of ***horns***.
수소에게는 한 쌍의 뿔이 있다.

0474

high
[hai]

☐ ☐ ☐

혱 높은 (반 low)
The fence is very ***high***.
그 담은 아주 높다.

90

Minimal ✶ Phrases

- ☐ **glory** won on the field of battle 전장에서 얻은 **영광**
- ☐ a thin **layer** 얇은 **층**
- ☐ a **paper** cup **종이**컵
- ☐ **press** a button 버튼을 **누르다**
- ☐ **order** him to go out 그에게 나가라고 **명령하다**
- ☐ **copy** the book 책을 **베끼다**

0475
glory
[glɔ́:ri]
☐☐☐

[명] 영광; 명예

She got all the ***glory***.

그녀는 모든 명예를 얻었다.

0476
layer
[léiə:r]
☐☐☐

[명] 층

The ozone ***layer*** is being destroyed.

오존층이 파괴되고 있다.

0477
paper
[péipər]
☐☐☐

[명] 종이; 신문 ([유] newspaper)

He drew pictures on a piece of ***paper***.

그는 종이 한 장에 그림을 그렸다.

0478
press
[pres]
☐☐☐

[동] 누르다; 다리다; 강요하다

It's very hard to ***press*** this shirt.

이 셔츠 다리기는 정말 힘들다.

0479
order
[ɔ́:rdər]
☐☐☐

[동] 명령하다; 주문하다 [명] 명령; 주문

I ***ordered*** two cups of coffee.

나는 커피 두 잔을 주문했다.

0480
copy
[kápi / kɔ́pi]
☐☐☐

[동] 베끼다, 복사하다

He ***copied*** the book from beginning to end.

그는 그 책을 처음부터 끝까지 베꼈다.

Minimal ∗ Phrases

☐ carry **a box**	상자를 **나르다**
☐ enter **the room**	방으로 **들어가다**
☐ be proud **of one's voice**	목소리를 **자랑으로 여기다**
☐ lean **against a wall**	벽에 **기대다**
☐ make **by hand**	**손**으로 만들다
☐ smell **sweet**	달콤한 **냄새가 나다**

0481

carry
[kǽri]

☐☐☐

동 나르다; 가지고 가다
I *carry* my books in my school bag.
나는 책들을 책가방에 갖고 다닌다.

0482

enter
[éntər]

☐☐☐

동 들어가다; 입학하다
We *entered* the house through the front door.
우리는 정문을 통해 그 집에 들어갔다.

0483

proud
[praud]

☐☐☐

형 자랑으로 여기는, 뽐내는
She is *proud* of her son.
그녀는 아들을 자랑으로 여긴다.

0484

lean
[liːn]

☐☐☐

동 기대다; 의지하다; 기울다
We *lean* on our parents when we are children. 우리는 어릴 때 부모님께 의지한다.

0485

hand
[hænd]

☐☐☐

형 손
We have two *hands*.
우리는 손이 둘 있다.

0486

smell
[smel]

☐☐☐

동 냄새가 나다; 냄새를 맡다
We *smell* with our noses.
우리들은 코로 냄새를 맡는다.

Minimal ✱ Phrases

- ☐ **a gentle touch** 가벼운 **접촉**
- ☐ **his writing style** 그의 문**체**
- ☐ **a film actor** 영화**배우**
- ☐ **take care of a baby** **아기**를 돌보다
- ☐ **swim across a river** **강**을 헤엄쳐 건너다
- ☐ **a young gentleman** **젊은** 신사

0487
touch [tʌtʃ] ☐☐☐
[동] 손대다; 감동시키다 [명] 접촉
I was greatly ***touched*** by his story.
나는 그의 이야기를 듣고 크게 감동했다.

0488
style [stail] ☐☐☐
[명] 스타일; 양식; 문체
He often varies his hair ***style***.
그는 머리 스타일을 자주 바꾼다.

0489
actor [ǽktər] ☐☐☐
[명] (남자) 배우 ([반] actress)
My favorite ***actor*** appears in the movie.
내가 제일 좋아하는 배우가 그 영화에 출연한다.

0490
baby [béibi] ☐☐☐
[명] 아기
A ***baby*** cried until its mother came back.
한 아기가 엄마가 올 때까지 울었다.

0491
river [rívər] ☐☐☐
[명] 강
This ***river*** is the longest in Korea.
이 강은 한국에서 가장 긴 강이다.

0492
young [jʌŋ] ☐☐☐
[형] 젊은, 어린 ([반] old)
He looks ***young***.
그는 젊어 보인다.

21st day

Minimal ✻ Phrases

□ be **angry with** me	나에게 <u>화가 나 있다</u>
□ at the **usual** time	<u>평소</u> 시간에
□ **upset** a boat	보트를 <u>전복시키다</u>
□ **guide** to his house	그의 집으로 <u>안내하다</u>
□ **stand** still	가만히 <u>서 있다</u>
□ **nearly** empty	<u>거의</u> 텅 빈

0493

angry
[ǽŋgri]

□ □ □

⟨형⟩ 화가 난, 성난
Mother was *angry* with me.
어머니는 나에게 화가 나 있었다.

0494

usual
[júːʒuəl]

□ □ □

⟨형⟩ 평소의, 보통의 (⟨반⟩ unusual)
This is the *usual* place we meet.
이곳이 평소 우리들이 만나는 장소이다.

0495

upset
[ʌpsét]

□ □ □

⟨동⟩ 뒤엎다; 언짢게 하다
Don't *upset* the glass.
유리잔을 엎지르지 마라.

0496

guide
[gaid]

□ □ □

⟨동⟩ 안내하다, 인도하다
His dog will *guide* you to his house.
그의 개는 당신을 그의 집으로 안내할 것이다.

0497

stand
[stænd]

□ □ □

⟨동⟩ 서다, 서 있다 (⟨반⟩ sit); 참다
He was *standing* by the gate.
그는 문 옆에 서 있었다.

0498

nearly
[níərli]

□ □ □

⟨부⟩ 거의, 대략 (⟨유⟩ almost)
The new house is *nearly* finished.
새 집이 거의 완성되었다.

Minimal * Phrases

- □ a **quick** movement — **빠른** 동작
- □ **cheer** my team — 우리 팀을 **응원하다**
- □ **blind** in the right eye — 오른쪽 눈이 **보이지 않는**
- □ write a **poem** — **시**를 쓰다
- □ be **ready** to go to school — 학교에 갈 **준비가 되어** 있다
- □ a white **cloud** — 하얀 **구름**

0499
quick [kwik]
□ □ □

[형] 빠른, 급한 ([유] fast [반] slow)
He is ***quick*** to understand.
그는 이해가 빠르다.

0500
cheer [tʃíər]
□ □ □

[동] 기운을 돋우다, 기운을 내다
I ***cheered*** our team.
나는 우리 팀을 응원했다.

0501
blind [blaind]
□ □ □

[형] 눈먼
After her illness she became ***blind***.
병을 앓고 난 후 그녀는 눈이 멀었다.

0502
poem [póuəm]
□ □ □

[명] (한 편의) 시
Shakespeare wrote many famous ***poems***.
셰익스피어는 유명한 시를 많이 썼다.

0503
ready [rédi]
□ □ □

[형] 준비가 된
Are you ***ready***?
준비되었니?

0504
cloud [klaud]
□ □ □

[명] 구름
I see a big ***cloud*** in the sky.
하늘에 커다란 구름이 있다.

22nd day

- ☐ a group tour　　　　　　　**단체** 여행
- ☐ ride a horse　　　　　　　**말**을 타다
- ☐ a fresh vegetable　　　　　**신선한** 야채
- ☐ paint a wall　　　　　　　벽을 **칠하다**
- ☐ read a novel　　　　　　　**소설**을 읽다
- ☐ a world-famous artist　　　세계적으로 유명한 **화가**

0505

group
[gru:p]

☐ ☐ ☐

명 무리, 모임

A *group* of children were playing in the garden.
한 무리의 어린이들이 뜰에서 놀고 있었다.

0506

horse
[hɔːrs]

☐ ☐ ☐

명 말

The sea *horse* is a very small marine animal.
해마는 아주 작은 바다 동물이다.

0507

fresh
[freʃ]

☐ ☐ ☐

형 신선한

The fruits are *fresh*.
그 과일들은 신선하다.

0508

paint
[peint]

☐ ☐ ☐

동 (페인트로) 칠하다; 그리다

The boy *painted* his mother in a sofa.
그 소년은 소파에 앉아계신 어머니를 그렸다.

0509

novel
[náv(ə)l / nɔ́v(ə)l]

☐ ☐ ☐

명 소설 (유 fiction)

I am reading a fantasy *novel*.
난 판타지 소설을 읽고 있다.

0510

artist
[áːrtist]

☐ ☐ ☐

명 예술가, 화가

An *artist* draws pictures well.
화가는 그림을 잘 그린다.

96

Minimal ＊ Phrases

☐ **a beautiful queen**   아름다운 **여왕**

☐ **examine in detail**   **상세히** 조사하다

☐ **mean nothing**   아무 **의미**도 없다

☐ **be very afraid of snakes**   뱀을 몹시 **무서워하다**

☐ **a cheap dress**   **싼** 옷

☐ **the average score**   평균**점**

0511

queen
[kwi:n]

☐ ☐ ☐

® 여왕, 왕비 (® king)

The wife of a king is called a *queen*.
왕의 부인은 왕비라고 불린다.

0512

detail
[díːteil]

☐ ☐ ☐

® 세부; 항목

The artist has painted everything in great *detail*.
화가는 아주 세밀하게 모든 것을 그렸다.

0513

mean
[mi:n]

☐ ☐ ☐

® ~을 의미하다, ~을 뜻하다

What do you *mean* by this word?
이 말은 무슨 뜻입니까?

0514

afraid
[əfréid]

☐ ☐ ☐

® 두려워하여, 무서워하여

Don't be *afraid* of my dog.
내 개를 무서워하지 마라.

0515

cheap
[tʃi:p]

☐ ☐ ☐

® 값싼, 싼 (® expensive)

Cheap cars are sold here.
여기서 싼 차를 팔고 있다.

0516

score
[skɔːr]

☐ ☐ ☐

® 득점; 점수

The *score* is 10 to 7.
점수는 10대 7이다.

22nd day

- □ **a bottle of milk** — 우유 한 **병**
- □ **a land turtle** — 육지 **거북**
- □ **a white whale** — 흰 **고래**
- □ **a vacation at the shore** — **해안**에서의 휴가
- □ **short blond hair** — 짧은 **금발** 머리
- □ **a curve on a graph** — 그래프의 **곡선**

0517

bottle
[bátl / bɔ́tl]

□ □ □

뗑 병
There is an empty **bottle** in the kitchen.
부엌에는 빈 병이 있다.

0518

turtle
[tɔ́:rtl]

□ □ □

뗑 (바다) 거북
I have kept two **turtles** for one year.
나는 거북 두 마리를 1년 동안 길러 왔다.

0519

whale
[hweil]

□ □ □

뗑 고래
Whales are mammals.
고래는 포유동물이다.

0520

shore
[ʃɔ:r]

□ □ □

뗑 물가, 해안 (유 seashore, coast)
People are sitting by the **shore**.
사람들이 바닷가에 앉아 있다.

0521

blond
[bland / blɔnd]

□ □ □

뗑 금발의
She envies my **blond** hair.
그녀는 내 금발을 부러워한다.

0522

curve
[kə:rv]

□ □ □

뗑 곡선
The girl drew a **curve** on the paper.
소녀는 종이에 곡선을 그렸다.

98

Minimal ✱ Phrases

☐ strike a child	아이를 **때리다**
☐ a large crowd	많은 **군중**
☐ the gospel of Saint John	**성** 요한의 복음서
☐ strong evidence	**강력한** 증거
☐ fall below zero	0도 **이하로** 떨어지다
☐ shine at night	밤에 **빛나다**

0523
strike
[straik]
☐ ☐ ☐

[명] 치다; 부딪치다; 파업을 하다
Tom ***struck*** the ball with the bat.
톰은 배트로 공을 쳤다.

0524
crowd
[kraud]
☐ ☐ ☐

[동] 군중, 다수
There were big ***crowds*** of people in the theater.
극장 안은 많은 군중으로 가득 차 있었다.

0525
saint
[seint]
☐ ☐ ☐

[명] 성인(聖人), 성자
He lives as a ***saint***.
그는 성인의 생활을 하고 있다.

0526
strong
[strɔ(:)ŋ / straŋ]
☐ ☐ ☐

[형] 강한 ([반] weak)
An onion has a ***strong*** taste and smell.
양파는 맛과 냄새가 강하다.

0527
below
[bilóu]
☐ ☐ ☐

[전] ~의 아래에, ~의 아래쪽에 ([반] above)
Hang this picture ***below*** the other.
이 그림을 다른 그림 아래 걸어라.

0528
shine
[ʃain]
☐ ☐ ☐

[동] 비치다, 빛나다
The sun is ***shining*** bright.
해가 밝게 빛나고 있다.

23rd day

Minimal ＊ Phrases

☐ **kidney beans** 강낭**콩**
☐ **a wonderful dream** 멋진 **꿈**
☐ **a sugar cube** 각**설탕**
☐ **wash one's face** 얼굴을 **씻다**
☐ **a passenger plane** 여객**기**
☐ **an express train** 급행**열차**

0529
bean
[biːn]
☐ ☐ ☐

몡 콩
The farmer planted *beans*.
그 농부는 콩을 심었다.

0530
dream
[driːm]
☐ ☐ ☐

몡 꿈
He awoke from a *dream*.
그는 꿈에서 깨었다.

0531
sugar
[ʃúgər]
☐ ☐ ☐

몡 설탕
Pass me the *sugar*, please.
설탕 좀 건네주세요.

0532
wash
[waʃ / wɔ(ː)ʃ]
☐ ☐ ☐

동 씻다; 빨래하다
I *wash* my face and go to school.
나는 세수를 하고 학교에 간다.

0533
plane
[plein]
☐ ☐ ☐

몡 비행기
What time do we board the *plane*?
비행기 탑승은 몇 시에 시작합니까?

0534
train
[trein]
☐ ☐ ☐

몡 기차, 열차
They missed the *train*.
그들은 그 기차를 놓쳤다.

Minimal ✳ Phrases

☐ **play dice**	**주사위** 놀이를 하다
☐ **tell a story**	**이야기**를 하다
☐ **open[close] a store**	**상점**을 열다[닫다]
☐ **birds looking for worms**	**벌레**를 찾는 새들
☐ **a place of meeting**	모이는 **장소**
☐ **play in the room**	방에서 **놀다**

0535
dice
[dais]
☐ ☐ ☐

명 〈복수〉 주사위 (〈단수〉 die [dai])
He lost a fortune at *dice*.
그는 주사위 노름으로 큰 돈을 잃었다.

0536
story
[stɔ́:ri]
☐ ☐ ☐

명 이야기 (⊕ tale); 소설 (⊕ novel), 동화
He told me an interesting *story*.
그는 내게 재미있는 이야기를 해주었다.

0537
store
[stɔːr]
☐ ☐ ☐

명 가게, 상점 (⊕ shop)
He bought apples at the fruit *store*.
그는 과일 가게에서 사과를 샀다.

0538
worm
[wəːrm]
☐ ☐ ☐

명 벌레, 지렁이
The early bird catches the *worm*.
일찍 일어나는 새가 벌레를 잡는다.

0539
place
[pleis]
☐ ☐ ☐

명 장소, 곳
We are looking for a good *place* to camp.
우리는 야영하기에 좋은 장소를 찾고 있다.

0540
play
[plei]
☐ ☐ ☐

동 놀다; 연주하다; (경기를) 하다
명 놀이; 연극
He *plays* the violin very well.
그는 바이올린을 매우 잘 연주한다.

23rd day

☐ break a bad habit	나쁜 **습관을** 고치다
☐ either you or me	너나 나나 둘 **중 하나**
☐ a pretty mouth	예쁜 **입**
☐ during the summer vacation	여름방학 **중에**
☐ a very simple problem	아주 **간단한** 문제
☐ forget a name	이름을 **잊어버리다**

0541

habit
[hǽbit]

☐ ☐ ☐

명 습관, 버릇

It is a good *habit* to get up early.
일찍 일어나는 것은 좋은 습관이다.

0542

either
[íːðər / áiðər]

☐ ☐ ☐

접 (either A or B로) A 또는 B 중 하나

Can you speak *either* English or
French? 너는 영어나 프랑스어를 할 줄 아니?

0543

mouth
[mauθ]

☐ ☐ ☐

명 입

Open your *mouth* wide.
입을 크게 벌려라.

0544

during
[dúəriŋ / djúəriŋ]

☐ ☐ ☐

전 ~하는 동안에, ~중에

Do your homework *during* the
holidays.
휴가 동안에 숙제를 해라.

0545

simple
[símpl]

☐ ☐ ☐

형 간단한, 쉬운; 검소한

He is living a *simple* life.
그는 검소한 생활을 하고 있다.

0546

forget
[fərgét]

☐ ☐ ☐

동 잊다, 생각이 나지 않다 (반 remember)

I cannot *forget* it.
나는 그것을 잊을 수 없다.

Minimal ✶ Phrases

- ☐ a **tortoise** shell — **거북**등
- ☐ walk **along** the street — 길을 **따라** 걷다
- ☐ **notice** a mistake — 잘못을 **알아차리다**
- ☐ a **silent** forest — **조용한** 숲
- ☐ love **peace** — **평화**를 사랑하다
- ☐ a **spicy** salad dressing — **매콤한** 샐러드드레싱

0547
tortoise
[tɔ́:rtəs]
☐ ☐ ☐

[동] (육지) 거북
A ***tortoise*** is too slow and lazy.
거북이는 너무 느리고 게으르다.

0548
along
[əlɔ́:ŋ / əlɔ́ŋ]
☐ ☐ ☐

[전] ~을 따라서, ~을 끼고
There are trees ***along*** this road.
이 길을 따라 나무들이 있다.

0549
notice
[nóutis]
☐ ☐ ☐

[동] 주의하다, 알아차리다 [명] 통지; 주의
I ***noticed*** a man sitting by me.
나는 내 옆에 앉아 있는 사람을 알아차렸다.

0550
silent
[sáilənt]
☐ ☐ ☐

[형] 조용한, 침묵의
You must keep ***silent***.
너희들은 잠자코 있어야 한다.

0551
peace
[pi:s]
☐ ☐ ☐

[명] 평화 ([반] war)
We want ***peace***, not war.
우리들은 전쟁이 아니라 평화를 원한다.

0552
spicy
[spáisi]
☐ ☐ ☐

[형] 양념을 넣은, 매콤한
Do you like ***spicy*** food?
당신은 매콤한 음식을 좋아하세요?

24th day

Minimal ✶ Phrases

- □ **invite to dinner** 저녁식사에 **초대하다**
- □ **appear in court** **법원**에 출두하다
- □ **pay in cash** **현금**으로 지불하다
- □ **an aisle seat** **통로**측의 좌석
- □ **travel the world** 세계를 **여행하다**
- □ **hurry home** 집에 **서둘러 가다**

0553
invite
[inváit]
□ □ □

[동] 초대하다, 부르다
She ***invited*** her friends to the party.
그녀는 친구들을 파티에 초대했다.

0554
court
[kɔːrt]
□ □ □

[명] 법정; (테니스 등의) 코트
Citizens are coordinates in a ***court*** of law.
시민은 법정에서 모두 평등하다.

0555
cash
[kæʃ]
□ □ □

[명] 현금
I have no ***cash*** at hand.
나는 수중에 현금이 없다.

0556
aisle
[ail]
□ □ □

[명] 통로; 복도
The woman is sitting in the ***aisle***.
여자가 복도에 앉아 있다.

0557
travel
[trǽvəl]
□ □ □

[명] [동] 여행 (하다) ([유] tour, trip)
She has returned from her ***travels***.
그녀는 여행에서 돌아왔다.

0558
hurry
[hə́ːri / hʌ́ri]
□ □ □

[동] 서두르다, 황급히 가다
Hurry up, or you will be late.
서둘러라, 그렇지 않으면 늦을 것이다.

Minimal ✱ Phrases

- ☐ a **sweet** cake — **단** 과자
- ☐ **relax** at home — 집에서 **쉬다**
- ☐ **merits** and demerits — **장점**과 단점
- ☐ a loud **noise** — 큰 **소리**[소음]
- ☐ **repair** a motor — 모터를 **수리하다**
- ☐ an **entry** visa — **입국** 비자

0559
sweet
[swiːt]
☐ ☐ ☐

[형] 달콤한; 향기가 좋은
She likes ***sweet*** tea.
그녀는 달콤한 차를 좋아한다.

0560
relax
[rilǽks]
☐ ☐ ☐

[동] 늦추다, 완화하다; 쉬다, (긴장을) 풀다
I tried to stay ***relaxed***.
나는 긴장을 풀려고 노력했다.

0561
merit
[mérit]
☐ ☐ ☐

[명] 장점
His chief ***merit*** is kindness.
그의 주된 장점은 친절이다.

0562
noise
[nɔiz]
☐ ☐ ☐

[명] 소리; 소음
There's so much ***noise*** in here.
여기는 너무 시끄럽다.

0563
repair
[ripέə*r*]
☐ ☐ ☐

[명] [동] 수선 (하다), 손질 (하다)
They are ***repairing*** the roof now.
그들은 지금 지붕을 고치고 있다.

0564
entry
[éntri]
☐ ☐ ☐

[명] 들어감, 입장 ([유] entrance)
No ***entry***.
출입 금지.

Minimal * Phrases

☐ **rapid growth**	**빠른** 성장
☐ **a glass of water**	물 한 **잔**
☐ **a level road**	**평탄한** 도로
☐ **work like a slave**	**노예**처럼 일하다
☐ **a lovely voice**	사랑스런 **목소리**
☐ **keep a dog on a chain**	개를 **사슬**에 묶어 놓다

0565

rapid
[rǽpid]

☐ ☐ ☐

혱 빠른 (㊌ speedy, quick)
He is a *rapid* speaker.
그는 말을 빨리 한다.

0566

glass
[glæs / glɑːs]

☐ ☐ ☐

몡 유리; 유리잔; (-es) 안경
The window is made of *glass*.
그 창문은 유리로 만들어졌다.

0567

level
[lévəl]

☐ ☐ ☐

몡 표준, 레벨; 수평 혱 수평의, 평평한
The *level* of our lessons is rather high.
우리들의 수업 수준은 약간 높은 편이다.

0568

slave
[sleiv]

☐ ☐ ☐

몡 혱 노예(의)
Lincoln set the *slaves* free.
링컨은 노예를 해방했다.

0569

voice
[vɔis]

☐ ☐ ☐

몡 목소리
She sings in a sweet *voice*.
그녀는 아름다운 목소리로 노래한다.

0570

chain
[tʃein]

☐ ☐ ☐

몡 사슬; 연쇄, 연속 통 사슬로 매다
He is a *chain* smoker.
그는 연거푸 담배를 피운다.

Minimal ＊ Phrases

☐ ancient Greek myths	고대 그리스 **신화**
☐ kneel to pray	무릎을 **꿇고** 기도하다
☐ roam about the world	세계를 **방황하다**
☐ bark at a stranger	낯선 사람을 보고 **짖다**
☐ peers at work	직장 **동료들**
☐ carve wood	나무를 **조각하다**

0571

myth
[miθ]

☐ ☐ ☐

몡 신화
He studies ancient Greek *myths*.
그는 고대 그리스 신화를 연구한다.

0572

kneel
[ni:l]

☐ ☐ ☐

통 무릎을 꿇다
He *kneels* down in prayer in the church.
그는 교회에서 무릎을 꿇고 기도한다.

0573

roam
[roum]

☐ ☐ ☐

통 돌아다니다, 방랑하다
He *roamed* from town to town.
그는 이 마을 저 마을을 돌아 다녔다.

0574

bark
[ba:rk]

☐ ☐ ☐

통 짖다 몡 짖는 소리
The dog *barked* every night.
그 개는 밤마다 짖었다.

0575

peer
[piər]

☐ ☐ ☐

몡 동료; 또래
I have many *peers* to help me.
나는 나를 도와줄 동료가 많다.

0576

carve
[ka:rv]

☐ ☐ ☐

통 새기다, 파다
He *carved* a statue out of wood.
그는 나무로 조각상을 새겼다.

25th day

- [ ] a solid base   탄탄한 **기초**
- [ ] cope with a difficulty   곤란에 **대처하다**
- [ ] plow a field   밭을 **갈다**
- [ ] a huge man   **거**인
- [ ] an electric oven   전기 **오븐**
- [ ] join the army   **군**에 입대하다

0577

base
[beis]

☐ ☐ ☐

몡 기초; 토대

The *base* of the statue is cement.
그 조각상의 토대는 시멘트이다.

0578

cope
[koup]

☐ ☐ ☐

동 대처하다

They could not *cope* with the enemy.
그들은 적을 감당해 내지 못했다.

0579

plow
[plau]

☐ ☐ ☐

몡 쟁기 동 갈다

The ox pulled the *plow* through the field.
그 황소는 쟁기를 끌어 밭을 갈았다.

0580

huge
[hju:ʤ / ju:ʤ]

☐ ☐ ☐

휑 거대한 (윤 gigantic)

The mountain is full of *huge* rocks.
그 산에는 큰 바위들이 많다.

0581

oven
[ʌ́vən]

☐ ☐ ☐

몡 오븐

The pie is fresh from the *oven*.
그 파이는 오븐에서 갓 구운 것이다.

0582

army
[áːrmi]

☐ ☐ ☐

몡 군대; 육군

Three people died from *army* gunshot.
군의 사격으로 세 사람이 사망했다.

Minimal ✱ Phrases

- ☐ offer her a job — 그녀에게 일자리를 **제공하다**
- ☐ count up to ten — 10까지 **세다**
- ☐ a lucky penny — 행운의 **동전**
- ☐ a merry voice — **즐거운** 목소리
- ☐ be worth two dollars — 2달러의 **가치가 있다**
- ☐ good weather — **좋은** 날씨

0583
offer
[ɔ́(:)fər / áfər]
☐ ☐ ☐

[동] 제공하다; 제안하다
They ***offered*** to compromise.
그들은 타협을 제안했다.

0584
count
[kaunt]
☐ ☐ ☐

[동] 세다; 계산하다
This little girl can ***count*** from one to fifty.
이 소녀는 1에서 50까지 셀 수 있다.

0585
penny
[péni]
☐ ☐ ☐

[명] 페니; (푼) 돈
A ***penny*** saved is a penny earned.
한 푼을 절약하면 한 푼을 번다.

0586
merry
[méri]
☐ ☐ ☐

[형] 즐거운, 유쾌한 ([반] sad)
I wish you a ***merry*** Christmas!
즐거운 크리스마스가 되시길 바랍니다!

0587
worth
[wəːrθ]
☐ ☐ ☐

[형] ~의 가치가 있는
It was ***worth*** while to read the book.
그 책은 읽을 가치가 있는 책이었다.

0588
good
[gud]
☐ ☐ ☐

[형] 좋은; 맛있는
It is not ***good*** to overuse computers.
컴퓨터를 너무 많이 쓰는 것은 좋지 않다.

25th day

☐ a **heavy** bag	**무거운** 가방
☐ **cross** the street	길을 **건너다**
☐ **raise** one's voice	목소리를 **높이다**
☐ **smile** at a baby	아이에게 **미소 짓다**
☐ have good **sight**	**시력**이 좋다
☐ be **hungry** all day	하루 종일 **배고프다**

0589
heavy
[hévi]

☐ ☐ ☐

형 무거운 (반 light); 심한, 맹렬한

The big table is very *heavy*.
그 큰 탁자는 매우 무겁다.

0590
cross
[krɔːs / krɔs]

☐ ☐ ☐

동 가로지르다, 건너다

Be careful when you *cross* the street.
길을 건널 때는 조심해라.

0591
raise
[reiz]

☐ ☐ ☐

동 올리다; 기르다

Raise your right hand when you understand.
알겠으면 오른손을 드세요.

0592
smile
[smail]

☐ ☐ ☐

동 미소 짓다 명 미소, 웃음

She is always *smiling*.
그녀는 항상 미소를 짓고 있다.

0593
sight
[sait]

☐ ☐ ☐

명 시력; 시각; 경치

What a beautiful *sight* it is!
얼마나 아름다운 경치냐!

0594
hungry
[hʌ́ŋgri]

☐ ☐ ☐

형 배고픈

A baby cries when he is *hungry*.
배가 고프면 아기는 운다.

Minimal ✳ Phrases

☐ a false coin	가짜 동전
☐ climb a mountain	산을 오르다
☐ share the candy	사탕을 나눠 갖다
☐ put spray on one's hair	머리에 스프레이를 뿌리다
☐ live on the earth	지구에 살다
☐ a quart of milk	우유 1쿼트

0595

false
[fɔːls]

☐ ☐ ☐

형 그릇된; 거짓의; 가짜의 (맨 true)

The rumor turned out to be *false*.
그 소문은 거짓으로 판명되었다.

0596

climb
[klaim]

☐ ☐ ☐

동 오르다, 기어오르다

He has *climbed* the Alps.
그는 알프스 산에 오른 적이 있다.

0597

share
[ʃeəːr]

☐ ☐ ☐

동 나눠 갖다; 공유하다

Tom *shared* the candy with his brother.
탐은 동생과 그 사탕을 나누어 가졌다.

0598

spray
[sprei]

☐ ☐ ☐

명 스프레이, 물보라 동 뿌리다

She *sprayed* yellow paint on the fence.
그녀는 노란색 페인트를 담에 뿌렸다.

0599

earth
[əːrθ]

☐ ☐ ☐

명 지구; 땅

The *earth* moves round the sun.
지구는 태양 둘레를 돈다.

0600

quart
[kwɔːrt]

☐ ☐ ☐

명 쿼트 〈액량의 단위〉

This bottle holds a *quart*.
이 병에는 1쿼트가 들어간다.

26th day

☐ **sharp** eyes	**예리한** 눈
☐ **long** fingers	긴 **손가락**
☐ **until** noon	정오**까지**
☐ a well-**drained** city	**배수 시설**이 잘된 도시
☐ **rinse** one's mouth with water	물로 입을 **헹구다**
☐ a school **motto**	**교훈**

0601

sharp
[ʃɑːrp]

☐ ☐ ☐

혤 날카로운; 격렬한 튀 정각에

This knife is **sharp**.
이 칼은 날카롭다.

0602

finger
[fíŋgər]

☐ ☐ ☐

몡 손가락

Mary wears a ring on her **finger**.
메리는 손가락에 반지를 끼고 있다.

0603

until
[əntíl]

☐ ☐ ☐

젠 ~까지

Wait here **until** I come back.
내가 돌아올 때까지 여기서 기다려라.

0604

drain
[drein]

☐ ☐ ☐

통 배수하다

They **drained** the water out of the basement.
그들은 지하실에서 물을 빼냈다.

0605

rinse
[rins]

☐ ☐ ☐

몡 헹구기 통 헹구다

Rinse the pasta with boiling water.
파스타를 끓는 물에 헹구십시오.

0606

motto
[mátou / mɔ́tou]

☐ ☐ ☐

몡 좌우명; 표어

"Think before you speak" is a good **motto**. "말하기 전에 생각부터 하라"는 훌륭한 좌우명이다.

Essential Stage ● ● ● ●

Minimal ✴ Phrases

☐ **the peoples of Asia** — **아시아**의 여러 국민들
☐ **reach Seoul Station** — 서울역에 **도착하다**
☐ **a beautiful scene** — 아름다운 **경치**
☐ **scare to death** — 엄청 **겁 주다**
☐ **a sheet of paper** — 종이 **한 장**
☐ **an eager student** — **열심히 공부하는** 학생

0607

Asia
[éiʒə / éiʃə]

형 아시아

Korea is one of the countries in *Asia*.
한국은 아시아에 있는 국가 중 하나이다.

☐ ☐ ☐

0608

reach
[riːtʃ]

동 도착하다 (반 start); 내밀다

He *reached* out his hand for the ball.
그는 그 공을 잡으려고 손을 쭉 뻗었다.

☐ ☐ ☐

0609

scene
[siːn]

형 장면; 풍경

The star appeared on the *scene*.
배우가 그 장면에 나왔다.

☐ ☐ ☐

0610

scare
[skɛər]

동 놀라게 하다, 겁나게 하다

You *scared* me.
너 때문에 놀랐잖아.

☐ ☐ ☐

0611

sheet
[ʃiːt]

형 시트, 까는 천; (종이 등) 한 장

She changed the *sheets* on the bed.
그녀는 침대의 시트를 갈았다.

☐ ☐ ☐

0612

eager
[íːgər]

형 열망하는; 열심인

I am *eager* to meet him and talk to him.
나는 그를 만나고 대화하기를 간절히 원한다.

☐ ☐ ☐

113

26th day

☐ the **leader** of the group	그룹의 **리더**
☐ a **funny** story	**우스운** 이야기
☐ a little **matter**	사소한 **문제**
☐ **laugh** heartily	실컷 **웃다**
☐ **begin** a test	테스트를 **시작하다**
☐ **serve** lunch	점심을 **제공하다**

0613
leader
[líːdər]
☐ ☐ ☐

명 지도자, 리더
He is the *leader* of the party.
그는 그 정당의 지도자이다.

0614
funny
[fʌ́ni]
☐ ☐ ☐

형 우스운, 재미있는
This is a *funny* story.
이것은 재미있는 이야기이다.

0615
matter
[mǽtər]
☐ ☐ ☐

명 일; 문제
This is an important *matter*.
이것은 중요한 문제이다.

0616
laugh
[læf / laːf]
☐ ☐ ☐

동 (소리를 내어) 웃다 (반 cry)
They *laughed* merrily.
그들은 즐겁게 웃었다.

0617
begin
[bigín]
☐ ☐ ☐

동 시작하다[되다] (반 end, finish)
School *begins* at nine o'clock.
학교는 9시에 시작한다.

0618
serve
[səːrv]
☐ ☐ ☐

동 ~을 섬기다; ~에 도움이 되다;
(음식물을) 차리다
He *served* his master for many years.
그는 오랫동안 주인을 섬겼다.

114

Minimal ✳ Phrases

☐ **march along the** street · **시가**행진을 하다
☐ **waste** time · 시간을 **낭비하다**
☐ **help the poor and** needy · 가난하고 **궁핍한** 사람들을 돕다
☐ **grill a** steak · **스테이크를** 굽다
☐ **shake a bottle** · 병을 **흔들다**
☐ **paint with a** brush · **붓**으로 페인트를 칠하다

0619
street
[stri:t]
☐☐☐

명 거리
They walked along the *street*.
그들은 거리를 따라 걸었다.

0620
waste
[weist]
☐☐☐

동 낭비하다
You had better not *waste* your money on foolish things.
어리석은 일에 돈을 낭비하지 않는 것이 좋다.

0621
needy
[níːdi]
☐☐☐

형 가난한
The Samuelsons are a *needy* family.
사뮤엘슨 집은 매우 가난하다.

0622
steak
[steik]
☐☐☐

명 스테이크
How would you like your *steak*?
스테이크는 어떻게 해드릴까요?

0623
shake
[ʃeik]
☐☐☐

동 흔들다
If you *shake* the tree, the fruits will fall.
네가 나무를 흔들면, 과일이 떨어질 것이다.

0624
brush
[brʌʃ]
☐☐☐

명 솔, 붓, 브러시 동 솔질하다, 닦다
I *brush* my teeth three times a day.
나는 하루에 세 번 이를 닦는다.

115

27th day

Minimal ✱ Phrases

□ **ducks quack**	오리가 **꽥꽥거리다**
□ **spoil eggs**	계란을 **썩히다**
□ **a swimming coach**	수영 **코치**
□ **a whole month**	**꼬박** 한 달
□ **a series of victories**	**연승**
□ **live simply**	**간소하게** 살다

0625
quack
[kwæk]
□ □ □

㉴ ㉳ 꽥꽥 (울다) 〈집오리 우는 소리〉
A duck ***quacks***.
오리가 꽥꽥거린다.

0626
spoil
[spɔil]
□ □ □

㉳ 망치다 (㊒ destroy); 상하다
The heavy rain ***spoiled*** the crops.
큰 비가 농작물을 망쳤다.

0627
coach
[koutʃ]
□ □ □

㉴ 마차; 코치
They traveled through Europe by ***coach***.
그들은 마차로 유럽을 여행했다.

0628
whole
[houl]
□ □ □

㉻ 모든, 전체의
I want to eat a ***whole*** cake.
케이크를 통째로 다 먹고 싶다.

0629
series
[síəri:z]
□ □ □

㉴ 일련, 시리즈
He wrote a ***series*** of historical facts.
그는 일련의 역사적 사실에 대해 글을 썼다.

0630
simply
[símpli]
□ □ □

㊇ 간단히; 수수하게
She was ***simply*** dressed.
그녀는 수수한 옷차림이었다.

Minimal ★ Phrases

□ an excellent baker	뛰어난 **제빵 업자**
□ a tall tower	높은 **탑**
□ shoot a gun	총을 **쏘다**
□ a steam engine	**증기**엔진
□ acknowledge a favor	**호의**에 감사하다
□ spare no efforts	**노력**을 아끼지 않다

0631

baker
[béikər]

□ □ □

똉 빵 굽는 사람, 제빵 업자

The *baker* works late.
그 빵장수는 늦게까지 일한다.

0632

tower
[táuər]

□ □ □

똉 탑, 타워

Have you ever visited the Seoul *Tower*?
서울타워에 가 본 적 있니?

0633

shoot
[ʃuːt]

□ □ □

똉 쏘다, 사격하다

The hunter *shot* at the hare with his gun.
사냥꾼은 총으로 산토끼를 쏘았다.

0634

steam
[stiːm]

□ □ □

똉 증기

J. Watt invented the *steam* engine.
와트는 증기 기관을 발명했다.

0635

favor
[féivər]

□ □ □

똉 호의 똉 선호하다

He was in *favor* of pets.
그는 애완동물에 호의적이었다.

0636

effort
[éfərt]

□ □ □

똉 노력

This way will save a lot of time and *effort*.
이 방법이 많은 시간과 노력을 덜어 줄 것이다.

27th day

Minimal ✶ Phrases

□ **strong power**	강한 **힘**
□ **an air route**	항공**로**
□ **hatch an egg**	달걀을 **부화하다**
□ **run for mayor of Seoul**	서울**시장** 선거에 출마하다
□ **a hard worker**	부지런한 **노동자**
□ **a lovely face**	**귀염성 있는** 얼굴

0637
power
[páuər]
□ □ □

[명] 힘
They lost the ***power*** to walk.
그들은 걸을 힘을 잃었다.

0638
route
[ru:t / raut]
□ □ □

[명] 길 ([유] road; way)
We proceeded along the northerly ***route***.
우리는 북쪽 길을 따라 나아갔다.

0639
hatch
[hætʃ]
□ □ □

[동] 부화하다
A hen ***hatches*** eggs.
암탉은 달걀을 부화한다.

0640
mayor
[méiə:r / mεə:r]
□ □ □

[명] 시장
The ***mayor*** took office last month.
시장은 지난달에 취임했다.

0641
worker
[wə́:rkər]
□ □ □

[명] 일하는 사람, 노동자
The ***workers*** are resting now.
일꾼들은 지금 쉬고 있다.

0642
lovely
[lʌ́vli]
□ □ □

[형] 사랑스러운, 귀여운; 아주 즐거운
She is a ***lovely*** girl.
그녀는 사랑스러운 소녀이다.

Minimal ＊ Phrases

☐ shout for a waiter 큰소리로 **웨이터**를 부르다
☐ grill a hamburger **햄버거**를 굽다
☐ a folk dancer 민속 **무용가**
☐ a round shape 둥근 **모양**
☐ clear up doubts **의심**을 풀다
☐ a south gate **남쪽** 문

0643
waiter
[wéitər]
☐ ☐ ☐

명 웨이터 (반 waitress)
He tipped the *waiter* handsomely.
그는 웨이터에게 팁을 두둑하게 주었다.

0644
hamburger
[hǽmbə̀ːrgər]
☐ ☐ ☐

명 햄버거
I ate a *hamburger* for lunch at school.
나는 학교에서 점심으로 햄버거를 먹었다.

0645
dancer
[dǽnsər / dáːnsər]
☐ ☐ ☐

명 무용가; 댄서
He wanted to be a *dancer*.
그는 무용가가 되고 싶어 했다.

0646
shape
[ʃeip]
☐ ☐ ☐

명 모양; 꼴
The *shape* of a ball is round.
공의 모양은 둥글다.

0647
doubt
[daut]
☐ ☐ ☐

동 의심하다 명 의심, 의문
I *doubt* whether he will succeed.
그가 성공할지 어떨지 의심스럽다.

0648
south
[sauθ]
☐ ☐ ☐

명 남쪽 형 남쪽의 부 남쪽으로
Our house faces the *south*.
우리집은 남향이다.

Minimal ✴ Phrases

☐ the spark of life	생명의 **불**
☐ follow him	그를 **따라가다**
☐ a change of focus	**초점**의 변화
☐ a domestic goose	**집거위**
☐ leave home	집을 **떠나다**
☐ a box of matches	**성냥**갑

0649

spark
[spa:rk]

☐ ☐ ☐

명 불꽃

The fire is *sparking* dangerously.
그 불에서 위험하게 불꽃이 튄다.

0650

follow
[fálou / fɔ́lou]

☐ ☐ ☐

동 따르다; ~을 쫓다

Tom's dog *follows* him to school.
톰의 개가 학교에 따라간다.

0651

focus
[fóukəs]

☐ ☐ ☐

명 초점; 중심

Their questions *focused* on the problem.
그들의 질문은 그 문제에 집중했다.

0652

goose
[gu:s]

☐ ☐ ☐

명 거위 (〈복수〉 geese [gi:s])

The *goose* is chasing the goat.
거위가 염소를 쫓고 있다.

0653

leave
[li:v]

☐ ☐ ☐

동 떠나다; ~한 채로 놓아두다; 그만두다

My father *leaves* home at seven every morning. 나의 아버지께서는 매일 아침 7시에 집을 떠나신다.

0654

match
[mætʃ]

☐ ☐ ☐

명 성냥; 시합 동 ~에 어울리다

We won the *match*.
우리들은 그 시합에 이겼다.

Minimal ✳ Phrases

☐ the **lunar** world	**달**나라
☐ a **bitter** taste	**쓴** 맛
☐ an **empty** box	**빈** 상자
☐ a blue **ocean**	파란 **바다**
☐ keep a **secret**	**비밀**을 지키다
☐ a new **model**	새로운 **모델**

0655

lunar
[lú:nər]

☐ ☐ ☐

형 달의

That is a *lunar* rainbow.
저것은 달 무지개이다.

0656

bitter
[bítər]

☐ ☐ ☐

형 쓴; 모진 (반 sweet)

It's a *bitter* pill.
그것은 쓴 알약이다.

0657

empty
[émpti]

☐ ☐ ☐

형 빈 (반 full)

We found an *empty* house.
우리는 빈 집을 발견했다.

0658

ocean
[óuʃən]

☐ ☐ ☐

명 대양; 바다

We sailed the Indian *Ocean*.
우리들은 인도양을 항해했다.

0659

secret
[sí:krit]

☐ ☐ ☐

명 비밀

He always keeps a *secret*.
그는 항상 비밀을 지킨다.

660

model
[mádl / mɔ́dl]

☐ ☐ ☐

명 모형, 본; 모델

He's always been my role *model*.
그는 언제나 내 본보기가 됐다.

Minimal * Phrases

☐ a failing grade	낙제 **점수**
☐ a stupid person	**얼빠진** 사람
☐ agree to his plan	그의 계획에 **동의하다**
☐ brain cells	**뇌**세포
☐ a pants pocket	바지 **주머니**
☐ a flock of seagulls	갈매기 **떼**

0661

grade
[greid]

☐ ☐ ☐

몡 학년; 성적; 등급

She is in the third *grade*.
그녀는 3학년이다.

0662

stupid
[st(j)úːpid]

☐ ☐ ☐

휑 어리석은, 멍청한 (㊌ foolish ㊨ clever)

Don't make such a *stupid* mistake again.
다시는 그런 어리석은 잘못을 저지르지 마라.

0663

agree
[əgríː]

☐ ☐ ☐

통 동의하다, 승낙하다

Jill *agreed* to Jack's proposal.
질은 잭의 제안에 동의했다.

0664

brain
[brein]

☐ ☐ ☐

몡 뇌; 지능

The *brain* needs a continuous supply of blood.
두뇌는 계속적인 혈액 공급을 필요로 한다.

0665

pocket
[pákit / pɔ́kit]

☐ ☐ ☐

몡 주머니, 포켓

I have some money in my *pocket*.
나는 주머니에 약간의 돈이 있다.

0666

flock
[flak / flɔk]

☐ ☐ ☐

몡 무리, 떼

People came in *flocks*.
사람들이 떼를 지어 몰려왔다.

Minimal ✻ Phrases

☐ **fly above the clouds**	구름 **위를** 날다
☐ **review the lessons**	수업을 **복습하다**
☐ **screen editing**	**화면** 편집
☐ **mental health**	정신 **건강**
☐ **traffic safety**	**교통안전**
☐ **a kind action**	친절한 **행동**

0667

above
[əbʌ́v]

☐ ☐ ☐

(전) ~의 위에 (반 below)
Birds are flying **above** the trees.
새들이 나무 위를 날고 있다.

0668

review
[rivjúː]

☐ ☐ ☐

(명) 복습; 재검토; 비평 (동) 복습하다
(반 preview)
Before the examination we must have
a **review**. 시험 보기 전에 우리는 복습해야 한다.

0669

screen
[skriːn]

☐ ☐ ☐

(명) (영화) 스크린, (텔레비전) 화면
Our television has a 33-inch **screen**.
우리 텔레비전은 화면이 33인치이다.

0670

health
[helθ]

☐ ☐ ☐

(명) 건강
He is in good **health**.
그는 건강하다.

0671

safety
[séifti]

☐ ☐ ☐

(명) 안전 (반 danger)
Put on the helmet for **safety**.
안전을 위해 헬멧을 써라.

0672

action
[ǽkʃən]

☐ ☐ ☐

(명) 활동, 행동
The general put his idea into **action**.
그 장군은 자신의 생각을 실행에 옮겼다.

123

29th day

☐ **unique** design	독특한 **디자인**
☐ the **digital** era	**디지털** 시대
☐ a bright **future**	찬란한 **장래**
☐ **decide** what to do	무엇을 해야 할지 **결정하다**
☐ **Whom** are you waiting for?	**누구를** 기다리고 있습니까?
☐ **report** news	뉴스를 **보도하다**

0673

design
[dizáin]

☐ ☐ ☐

몡 디자인, 도안 동 디자인하다

Do you have any other *designs*?
다른 디자인이 있습니까?

0674

digital
[dídʒitl]

☐ ☐ ☐

혱 디지털(방식)의 (반 analogue)

Last week I bought a *digital* camera.
지난 주 디지털 카메라를 하나 샀다.

0675

future
[fjúːtʃəːr]

☐ ☐ ☐

몡 미래, 장래 (반 past) 혱 미래의

You have to do your best for the *future*.
너는 미래를 위해서 최선을 다해야 한다.

0676

decide
[disáid]

☐ ☐ ☐

동 결정하다, 결심하다

He *decided* to become a teacher.
그는 교사가 되기로 결심했다.

0677

whom
[huːm / hum]

☐ ☐ ☐

의 누구를

Whom did you visit yesterday?
당신은 어제 누구를 방문하였습니까?

0678

report
[ripɔ́ːrt]

☐ ☐ ☐

동 보고하다, 알리다

The soldier *reported* on the accident.
병사는 그 사고를 보고했다.

Minimal ✶ Phrases

- ☐ **an honest boy** 정직한 소년
- ☐ **record a song on tape** 노래를 테이프에 녹음하다
- ☐ **the batter's box** 타자석
- ☐ **a home freezer** 가정용 냉동고
- ☐ **marry an actress** 여배우와 결혼하다
- ☐ **the March issue of a magazine** 잡지의 3월호

0679
honest
[ánist / ɔ́nist]
☐☐☐

[형] 정직한, 성실한
They are ***honest*** students.
그들은 정직한 학생들이다.

0680
record
[rikɔ́ːrd]
☐☐☐

[동] 기록하다; 녹음[녹화]하다
He ***recorded*** the movie.
그는 그 영화를 녹화했다.

0681
batter
[bǽtər]
☐☐☐

[명] 타자
He is a good ***batter***.
그는 강타자이다.

0682
freezer
[fríːzəːr]
☐☐☐

[명] 냉동고, 냉동실 (freeze [동] 얼리다)
Are your fridge and ***freezer*** always full?
냉장실과 냉동실이 항상 가득 차 있습니까?

0683
marry
[mǽri]
☐☐☐

[동] 결혼하다
His niece got ***married*** last month.
그의 조카딸은 지난달에 결혼했다.

0684
March
[maːrtʃ]
☐☐☐

[명] 3월 (〈약어〉 Mar.)
In ***March***, our family moved here from Seoul. 3월에 나의 가족은 서울에서 이곳으로 이사를 왔다.

29th day

Minimal ✳ Phrases

- □ a wooden **floor** 마루**바닥**
- □ **knock** on the door 문을 **노크하다**
- □ cut and **paste** 오려 **붙이다**
- □ a **blank** tape **공** 테이프
- □ a thin **board** 얇은 **판자**
- □ lead a **tribe** **부족**을 이끌다

0685
floor
[flɔːr]
□ □ □

[명] 바닥; (집의) 층
The cat is on the ***floor.***
고양이가 바닥에 있다.

0686
knock
[nak / nɔk]
□ □ □

[동] 두드리다, 노크하다; (세게) 치다
He ***knocked*** three times.
그는 문을 세 번 두드렸다.

0687
paste
[peist]
□ □ □

[명] 풀; 반죽 [동] 풀칠하다
She mixed the flour and water to a ***paste***.
그녀는 밀가루와 물을 섞어 반죽을 만들었다.

0688
blank
[blæŋk]
□ □ □

[형] 백지의; 빈 ([유] empty)
This is a ***blank*** page.
이 페이지는 백지다.

0689
board
[bɔːrd]
□ □ □

[명] 판자, 게시판
We put a picture on the ***board***.
우리들은 게시판에 그림을 붙였다.

0690
tribe
[traib]
□ □ □

[명] 부족
He tried to civilize the ***tribe***.
그는 그 부족을 개화하려고 애썼다.

Minimal ✳ Phrases

☐ **Aesop's fables**	이솝**우화**
☐ **give a thrill**	**전율케** 하다
☐ **the torture of hell**	**지옥**의 괴로움
☐ **a steady speed**	**일정한** 속도
☐ **a poet and novelist**	**시인**이자 소설가
☐ **get a punch**	**펀치**를 얻어맞다

0691

fable
[féibəl]

☐ ☐ ☐

ⓜ 우화

He is a *fable* writer.
그는 우화 작가다.

0692

thrill
[θril]

☐ ☐ ☐

ⓜ 스릴; 전율 ⓥ 전율케 하다

The story *thrilled* us.
그 이야기는 우리를 감동시켰다.

0693

hell
[hel]

☐ ☐ ☐

ⓜ 지옥

The war made our lives *hell*.
전쟁은 우리 생활을 지옥으로 만들었다.

0694

steady
[stédi]

☐ ☐ ☐

ⓐ 꾸준한; 안정된

Their friendship was *steady*.
그들의 우정은 변함없었다.

0695

poet
[póuit]

☐ ☐ ☐

ⓜ 시인

The *poet* gets inspiration from nature.
그 시인은 자연으로부터 영감을 얻는다.

0696

punch
[pʌntʃ]

☐ ☐ ☐

ⓜ 주먹질, 펀치 ⓥ 주먹으로 치다

He gave me a *punch* in the belly.
그는 내 배를 주먹으로 쳤다.

30th day

☐ the youth nowadays	요즘의 **청년들**
☐ the elder of their two children	그들의 두 아이들 중 **큰 애**
☐ read one's palm	**손금**을 보다
☐ heavy metal	**중금속**
☐ a state of war	전쟁 **상태**
☐ unite into one	합쳐서 **하나가 되다**

0697

youth
[ju:θ]

☐ ☐ ☐

몡 젊음; 청년

He was such a good-looking guy in his *youth*.
그는 청년시절 정말 잘 생겼었다.

0698

elder
[éldər]

☐ ☐ ☐

뎽 손위의 (old의 비교급)

My *elder* sister lives in Canada.
우리 언니는 캐나다에 산다.

0699

palm
[pa:m]

☐ ☐ ☐

몡 손바닥; 야자 (나무)

He held the bird in the *palm* of his hand.
그가 그 새를 자기 손바닥에 쥐었다.

0700

metal
[métl]

☐ ☐ ☐

몡 금속

A magnet attracts *metal*.
자석은 쇠붙이를 끌어당긴다.

0701

state
[steit]

☐ ☐ ☐

몡 상태 동 진술하다 몡 국가

He is in a *state* of depression.
그는 의기소침한 상태다.

0702

unite
[ju:náit]

☐ ☐ ☐

동 결합하다

Oil will not *unite* with water.
기름과 물은 혼합되지 않는다.

128

Minimal ★ Phrases

☐ drive a car	자동차를 **운전하다**
☐ the front wheel	**앞바퀴**
☐ shiny new cars	**반짝반짝하는** 새 차들
☐ wear pants	**바지**를 입다
☐ know about her	그녀**에 대해** 알다
☐ a west wind	**서풍**

0703

drive
[draiv]

☐ ☐ ☐

동 운전하다
He **drives** a car.
그는 운전한다.

0704

wheel
[(h)wi:l]

☐ ☐ ☐

명 바퀴; 운전대
The **wheel** turns around.
차 바퀴가 빙글빙글 돈다.

0705

shiny
[ʃáini]

☐ ☐ ☐

형 빛나는
The table is **shiny**.
그 식탁은 빛난다.

0706

pants
[pænts]

☐ ☐ ☐

명 바지
I always wear **pants** and a shirt.
나는 항상 바지와 셔츠를 입는다.

0707

about
[əbáut]

☐ ☐ ☐

전 ~에 대하여
This book is **about** animals.
이 책은 동물에 대한 내용이다.

0708

west
[west]

☐ ☐ ☐

명 형 서쪽 (의)
My house faces **west**.
내 집은 서향이다.

30th day

Minimal ★ Phrases

- ☐ **hold the wrist** — **손목**을 잡다
- ☐ **the birth rate** — **출산**율
- ☐ **the exact time** — **정확한** 시간
- ☐ **scold a student for being late** — 지각했다고 학생을 **꾸짖다**
- ☐ **throw a stone** — **돌**을 던지다
- ☐ **bless one's child** — 자식의 **행복을 빌다**

0709
wrist
[rist]
☐ ☐ ☐

[명] 손목
He held me by the ***wrist*** tightly.
그는 내 손목을 꽉 잡았다.

0710
birth
[bəːrθ]
☐ ☐ ☐

[명] 탄생; 출산
She has been blind from ***birth***.
그녀는 날 때부터 눈이 안 보였다.

0711
exact
[igzǽkt]
☐ ☐ ☐

[형] 정확한 ([유] accurate)
I tried to say the ***exact*** word.
나는 정확한 단어를 말하려고 애썼다.

0712
scold
[skould]
☐ ☐ ☐

[동] 꾸짖다
He ***scolded*** me for being late.
그는 내가 지각한 것을 꾸짖었다.

0713
stone
[stoun]
☐ ☐ ☐

[명] 돌
His house is made of ***stone***.
그의 집은 돌로 만들어졌다.

0714
bless
[bles]
☐ ☐ ☐

[동] 축복하다
God ***bless*** you!
당신에게 신의 축복이 있기를 (빕니다)!

Minimal ✶ Phrases

☐ **an index card**	**색인**카드
☐ **rock a cradle**	**요람**을 흔들다
☐ **a tangle of branches**	나뭇가지의 **엉킴**
☐ **an awful accident**	**끔찍한** 사고
☐ **hurt one's pride**	**자존심**을 상하게 하다
☐ **a mighty prince**	강력한 **왕자**

0715

index
[índeks]

☐ ☐ ☐

㈀ 색인; 지수
The book has an ***index***.
그 책에는 색인이 있다.

0716

cradle
[kréidl]

☐ ☐ ☐

㈀ 요람
A baby is sleeping in the ***cradle***.
아기가 요람에서 자고 있다.

0717

tangle
[tǽŋɡəl]

☐ ☐ ☐

㈁ 엉키다 ㈀ 얽힘, 엉킴
Long hair ***tangles*** easily.
긴 머리카락은 잘 엉킨다.

0718

awful
[ɔ́ːfəl]

☐ ☐ ☐

㈂ 무서운, 끔찍한 (㈜ dreadful)
What ***awful*** weather!
끔찍한 날씨야!

0719

pride
[praid]

☐ ☐ ☐

㈀ 자존심; 자만
She always takes ***pride*** in her work.
그녀는 항상 자신의 일에 자부심을 갖는다.

0720

prince
[prins]

☐ ☐ ☐

㈀ 왕자 (㈜ princess)
The ***prince*** rescued the princess.
왕자는 공주를 구했다.

131

31st day

☐ a film script	영화 대본
☐ a fierce tiger	맹호
☐ the football results	축구 시합의 결과
☐ frequently occur	빈번히 일어나다
☐ the basic rules	기본 규칙
☐ an extra train	임시 열차

0721

script
[skript]

☐ ☐ ☐

몡 대본

Sam wrote an excellent film *script*.
샘은 훌륭한 영화 대본을 썼다.

0722

fierce
[fiərs]

☐ ☐ ☐

형 사나운; 격렬한

Fierce fighting has continued.
격렬한 싸움이 계속되었다.

0723

result
[rizʌ́lt]

☐ ☐ ☐

몡 결과 (뫤 cause)

I can't forecast the *result*.
나는 결과를 예측할 수 없다.

0724

occur
[əkɔ́:r]

☐ ☐ ☐

동 일어나다; 생기다 (윤 happen)

A good idea *occurred* to me.
좋은 생각이 떠올랐다.

0725

basic
[béisik]

☐ ☐ ☐

몡 형 기초(의)

The family is the *basic* unit of society.
가정은 사회의 기본 단위이다.

0726

extra
[ékstrə]

☐ ☐ ☐

형 여분의; 특별한 몡 보조출연자
뷰 여분으로; 특별히

The carpenter asked for *extra* pay.
그 목수는 특별 수당을 요구했다.

132

Minimal ✳ Phrases

☐ **dye purple** — **자줏빛으로** 물들이다
☐ **freeze to death** — **얼어** 죽다
☐ **the origins of civilization** — 문명의 **기원**
☐ **the value of money** — 돈의 **가치**
☐ **build a house** — 집을 **짓다**
☐ **point a finger at** — ~을 **가리키다**

0727
purple
[pə́ːrpəl]
☐ ☐ ☐

명 형 자줏빛 (의)
He painted the chair *purple*.
그는 의자를 자주색으로 칠했다.

0728
freeze
[friːz]
☐ ☐ ☐

동 얼다
○ freeze - froze - frozen
The river has *frozen* last night.
강이 어젯밤에 얼어붙었다.

0729
origin
[ɔ́ːrədʒin]
☐ ☐ ☐

명 기원 (유 source); 태생 (유 birth)
This word is of Latin *origin*.
이 말은 라틴어에서 나왔다.

0730
value
[vǽljuː]
☐ ☐ ☐

명 가치; 가격
The *value* of the dollar is falling.
달러의 가치가 하락하고 있다.

0731
build
[bild]
☐ ☐ ☐

동 짓다 명 체격
This monument was *built* for the founder.
이 기념비는 창립자를 기념해서 세워졌다.

0732
point
[pɔint]
☐ ☐ ☐

명 점; 요점 동 가리키다, 지시하다
At that *point*, the car stopped.
그 지점에서 차가 멈추었다.

133

31st day

☐ **before dawn**	**날이 새기** 전에
☐ **urban living**	**도시** 생활
☐ **a wage raise**	**임금** 인상
☐ **a gentle dove**	온순한 **비둘기**
☐ **walk apart**	**떨어져** 걷다
☐ **the depth of a river**	강의 **깊이**

0733

dawn
[dɔːn]

☐ ☐ ☐

명 새벽 동 날이 새다

In summer *dawn* breaks early.
여름에는 동이 일찍 튼다.

0734

urban
[ɔ́ːrbən]

☐ ☐ ☐

형 도시의 (반 rural)

They are experiencing the problem of
urban poverty now.
지금 그들은 대도시의 빈곤 문제를 겪고 있다.

0735

wage
[weidʒ]

☐ ☐ ☐

명 형 임금(의) (유 pay)

He earns a high *wage*.
그는 높은 급료를 받는다.

0736

dove
[dʌv]

☐ ☐ ☐

명 비둘기 (유 pigeon)

A *dove* symbolizes peace.
비둘기는 평화를 상징한다.

0737

apart
[əpáːrt]

☐ ☐ ☐

형 부 떨어져(서)

He took the clock *apart* to repair it.
그는 시계를 고치려고 분해했다.

0738

depth
[depθ]

☐ ☐ ☐

명 깊이

The *depth* of this pond is about 2 feet.
이 연못의 깊이는 2피트 정도이다.

Minimal ✶ Phrases

- □ a **solid** building — **견고한** 건물
- □ tie with a **string** — **끈**으로 묶다
- □ **grant** permission — 허가해 **주다**
- □ a **direct** descendant — **직계** 자손
- □ a chair **cover** — 의자의 **커버**
- □ track by **radar** — **레이더**로 추적하다

0739
solid
[sálid / sɔ́lid]
□ □ □

[형] 고체의, 견고한 ([유] firm)
They were ***solid***.
그것들은 딱딱했다.

0740
string
[striŋ]
□ □ □

[명] 끈
He shortened the ***string***.
그는 줄을 짧게 했다.

0741
grant
[grænt / graːnt]
□ □ □

[동] 주다 ([유] give); 승인하다 [명] 허가; 인가
The queen ***granted*** our wish.
여왕은 우리의 소원을 들어 주었다.

0742
direct
[dirékt / dairékt]
□ □ □

[동] 지도하다 [형] 똑바른; 직접의
([유] immediate [반] indirect)
I like her open and ***direct*** manner.
나는 그녀의 솔직 담백한 태도를 좋아한다.

0743
cover
[kʌ́vər]
□ □ □

[동] 덮다, 씌우다 [명] 덮개; 표지
Don't judge a book by its ***cover***.
표지를 보고 책을 판단하지 마라.

0744
radar
[réidaːr]
□ □ □

[명] 레이더
Radar is used in many experiments.
레이더는 많은 실험에 쓰인다.

32nd day

Minimal ✶ Phrases

- ☐ advise strongly — 강력히 충고하다
- ☐ at the proper time — 적당한 때에
- ☐ write an essay — 글을 쓰다
- ☐ get teased — 놀림받다
- ☐ carry a cane — 지팡이를 짚고 다니다
- ☐ edit a newspaper — 신문을 편집하다

0745
advise
[ædváiz / ədváiz]
☐ ☐ ☐

[동] 충고하다
Do as your doctor ***advises***.
의사의 충고대로 하시오.

0746
proper
[prápər / prɔ́pər]
☐ ☐ ☐

[형] 적당한
The key to health is ***proper*** food and regular exercise.
건강의 열쇠는 적당한 음식과 규칙적인 운동이다.

0747
essay
[ései]
☐ ☐ ☐

[명] 수필
His writings include poetry and ***essays***.
그의 작품에는 시와 수필이 있다.

0748
tease
[ti:z]
☐ ☐ ☐

[동] 괴롭히다; 놀리다
They ***teased*** him about his curly hair.
그들은 그의 고수머리를 놀렸다.

0749
cane
[kein]
☐ ☐ ☐

[명] 지팡이
He beat the child with a ***cane***.
그는 그 아이를 지팡이로 때렸다.

0750
edit
[édit]
☐ ☐ ☐

[동] 편집하다
She ***edits*** a journal on animals.
그녀는 동물에 관한 잡지를 편집한다.

Minimal ＊ Phrases

☐ a **brave** soldier	**용감한** 군인
☐ the world of **spirit**	**정신**세계
☐ **relate** the result to a cause	결과를 어떤 원인과 **관련시키다**
☐ an **exciting** game	**흥미진진한** 경기
☐ **fasten** a **button**	**단추**를 채우다
☐ a house **owner**	집 **주인**

0751

brave
[breiv]

☐ ☐ ☐

⻝ 용감한

The heroine was *brave* and wise.
그 여주인공은 용감하고 현명했다.

0752

spirit
[spírit]

☐ ☐ ☐

⻝ 정신; 영혼

His *spirit* is noble.
그의 영혼은 고귀하다.

0753

relate
[riléit]

☐ ☐ ☐

⻝ 관련되다, 관계시키다
(relationship ⻝ 관계)

He *relates* the accident to his mistake.
그는 그 사고를 자기 실수와 결부시킨다.

0754

excite
[iksáit]

☐ ☐ ☐

⻝ 흥분시키다, 자극하다 (⾤ stimulate)

My social life is *exciting*.
나의 사회생활은 흥미진진하다.

0755

button
[bʌ́tn]

☐ ☐ ☐

⻝ 단추

She sewed a *button* on a coat.
그녀는 코트에 단추를 달았다.

0756

owner
[óunər]

☐ ☐ ☐

⻝ 소유자, 주인

You must restore lost property to its
owner.
습득물은 주인에게 돌려주어야 한다.

32nd day

☐ a change purse	동전 **지갑**
☐ camp in a forest	**숲**에서 야영하다
☐ cheat in an examination	**커닝을 하다**
☐ return home	집에 **돌아가다**
☐ an unkind remark	**몰인정한** 말
☐ rather warm	**좀** 따뜻하다

0757

purse
[pəːrs]

☐ ☐ ☐

몡 (여자)지갑

I keep my money in a *purse*.
나는 돈을 지갑에 넣어 둔다.

0758

forest
[fɔ́(:)rist]

☐ ☐ ☐

몡 숲, 삼림

There are many birds in the *forest*.
그 숲에는 많은 새들이 있다.

0759

cheat
[tʃiːt]

☐ ☐ ☐

图 속이다 몡 사기, 사기꾼

He was *cheated* into buying a fake.
그는 가짜를 속아 샀다.

0760

return
[ritɔ́ːrn]

☐ ☐ ☐

图 돌아오다[가다]; 돌려주다[보내다]

She *returned* the book to the library.
그녀는 그 책을 도서관에 반납했다.

0761

unkind
[ʌnkáind]

☐ ☐ ☐

톙 불친절한; 몰인정한

It was *unkind* of him to say that.
그렇게 말하다니 그는 불친절했다.

0762

rather
[rǽðər / ráːðər]

☐ ☐ ☐

뛰 오히려; 다소, 좀

I am a writer *rather* than a teacher.
나는 선생님이라기보다는 작가이다.

Minimal ✴ Phrases

☐ **reuse** an old envelope	헌 봉투를 **다시 사용하다**
☐ a **carton** of chocolates	초콜릿 한 **상자**
☐ a **horror** movie	**공포** 영화
☐ show **regard**	**관심**을 보이다
☐ the voice of the **nation**	**국민**의 소리[여론]
☐ red **blood**	붉은 **피**

0763

reuse
[riːjúːz 동 / riːjúːs 명]

☐ ☐ ☐

동 다시 사용하다 명 재사용
These waste products are sent to special centers for **reuse**.
이러한 폐품들은 재활용 전문 센터로 보내진다.

0764

carton
[káːrtən]

☐ ☐ ☐

명 상자, 판지 상자
The **carton** has been opened.
상자가 개봉되어 있다.

0765

horror
[hɔ́ːrər]

☐ ☐ ☐

명 공포; 혐오
The officer is writing a **horror** story.
경찰관이 공포 소설을 쓰고 있다.

0766

regard
[rigáːrd]

☐ ☐ ☐

명 관심 동 ~으로 여기다
I **regard** him as a fool.
나는 그를 바보라고 생각한다.

0767

nation
[néiʃən]

☐ ☐ ☐

명 국가; 국민
How many **nations** are there in the world? 전 세계에 몇 개 국가가 있습니까?

0768

blood
[blʌd]

☐ ☐ ☐

명 피, 혈액
Have you ever given **blood**?
너 헌혈 해봤니?

33rd day

Minimal ✻ Phrases

☐ unify the country	나라를 통일하다
☐ beat a drum	북을 치다
☐ be hard to judge	판단하기 어렵다
☐ stale bread	맛이 간 빵
☐ buy a one-way ticket	편도 차표를 사다
☐ a warm climate	온난한 기후

0769
unify
[júːnəfài]
☐ ☐ ☐

[동] 통일[통합]하다 ([반] divide)
North Korea and South Korea will be ***unified*** in the future.
남북한은 미래에 통일될 것이다.

0770
drum
[drʌm]
☐ ☐ ☐

[명] 북
The ***drum*** kills the strings.
북소리 때문에 현악기 소리가 죽는다.

0771
judge
[dʒʌdʒ]
☐ ☐ ☐

[동] 판단[판정]하다; 재판하다
[명] 재판관, 판사
The court ***judged*** him guilty.
법정은 그에게 유죄를 선고했다.

0772
stale
[steil]
☐ ☐ ☐

[형] 상한, 쉰 ([반] fresh)
The popcorn is ***stale***.
팝콘이 맛이 갔다.

0773
ticket
[tíkit]
☐ ☐ ☐

[명] 표, 승차권
Where can I get a ***ticket***?
표를 어디서 구할 수 있습니까?

0774
warm
[wɔːrm]
☐ ☐ ☐

[형] 따뜻한 ([반] cool)
It is ***warm*** today.
오늘은 날씨가 따뜻하다.

Minimal ✶ Phrases

- □ **elect a person as chairman** 의장으로 **선출하다**
- □ **a bright star** **빛나는** 별
- □ **affect business** 사업에 **영향이 미치다**
- □ **change the course** **진로**를 바꾸다
- □ **be asleep in bed** 침대에서 **잠들다**
- □ **lend him some money** 그에게 약간의 돈을 **빌려 주다**

0775
elect
[ilékt]
□ □ □

[동] 선거하다 [형] 선출된
He was ***elected*** chairman of the committee.
그는 위원회의 의장으로 선출되었다.

0776
bright
[brait]
□ □ □

[형] 밝은, 빛나는 ([반] dark); 영리한
She is a ***bright*** child.
그녀는 영리한 아이이다.

0777
affect
[əfékt]
□ □ □

[동] 영향을 주다; 감동시키다
Earthquakes ***affect*** the weather.
지진은 날씨에 영향을 미친다.

0778
course
[kɔːrs]
□ □ □

[명] 진로
The plane changed ***course***.
그 비행기는 진로를 바꾸었다.

0779
asleep
[əslíːp]
□ □ □

[형] 잠자는, 자고 있는
He was ***asleep*** at that time.
그는 그때 잠자고 있었다.

0780
lend
[lend]
□ □ □

[동] 빌려 주다 ([반] borrow 빌리다)
Can you ***lend*** me your pen?
네 펜 좀 빌려 주겠니?

33rd day

Minimal ✶ Phrases

- ☐ a probable **cause** 타당한 **이유**
- ☐ great **energy** 큰 **에너지**
- ☐ an important **source** of income 큰 수입**원**
- ☐ lose one's **parents** **부모**를 여의다
- ☐ a **patient** worker **끈기 있는** 일꾼
- ☐ put in **prison** **감옥**에 넣다

0781
cause
[kɔːz]
☐ ☐ ☐

[명] 원인, 이유 [동] ~의 원인이 되다; 일으키다
The rain ***caused*** the river to overflow.
비 때문에 강이 범람했다.

0782
energy
[énərdʒi]
☐ ☐ ☐

[명] 정력, 에너지, 활기
He is full of ***energy***.
그는 활력이 넘쳐흐른다.

0783
source
[sɔːrs]
☐ ☐ ☐

[명] 원천, 근원 ([유] origin)
Oranges are a good ***source*** of vitamin C.
오렌지는 비타민 C의 좋은 공급원이다.

0784
parent
[pέərənt]
☐ ☐ ☐

[명] 어버이; 〈복수〉 부모
She cooked dinner for her ***parents***.
그녀는 부모님을 위해 저녁식사를 준비했다.

0785
patient
[péiʃənt]
☐ ☐ ☐

[형] 참을성 있는, 인내심 있는 [명] 환자, 병자
The doctor is looking after his ***patients***. 의사가 환자들을 돌보고 있다.

0786
prison
[prízn]
☐ ☐ ☐

[명] 감옥, 교도소
The thief is in ***prison*** now.
그 도둑은 현재 교도소에 있다.

Minimal * Phrases

☐ **consult a lawyer**	**변호사**와 상의하다
☐ **a business failure**	사업 **실패**
☐ **go across a bridge**	**다리**를 건너다
☐ **a key pouch**	열쇠 **주머니**
☐ **locate a house**	집을 **찾다**
☐ **answer a riddle**	**수수께끼**에 답하다

0787

lawyer
[lɔ́:jər]

☐ ☐ ☐

명 변호사, 법률가

His son wants to be a *lawyer*.
그의 아들은 변호사가 되고 싶어 한다.

0788

failure
[féiljər]

☐ ☐ ☐

명 실패

Success came after many *failures*.
성공은 많은 실패 뒤에 왔다.

0789

bridge
[bridʒ]

☐ ☐ ☐

명 다리

They built a *bridge* across the river.
그들은 강에 다리를 놓았다.

0790

pouch
[pautʃ]

☐ ☐ ☐

명 주머니

A baby kangaroo lives in its mother's *pouch*.
새끼 캥거루는 어미 몸의 주머니에서 산다.

0791

locate
[lóukeit]

☐ ☐ ☐

동 (어떤 장소에) 자리잡다; 찾아내다

The office is *located* in the center of Paris. 사무실은 파리의 중심부에 있다.

0792

riddle
[rídl]

☐ ☐ ☐

명 수수께끼

He asked a very interesting *riddle*.
그는 퍽 재미있는 수수께끼를 냈다.

143

34th day

Minimal * Phrases

☐ **Korean customs**	한국인의 **관습**
☐ **work at a bakery**	**빵집**에서 일하다
☐ **give advice**	**충고**를 하다
☐ **tough meat**	**질긴** 고기
☐ **demand a refund**	**환불**을 요구하다
☐ **rewrite history**	역사를 **다시 쓰다**

0793

custom
[kʌ́stəm]

☐ ☐ ☐

몡 관습, 습관
I followed the American *custom*.
나는 미국의 관습을 따랐다.

0794

bakery
[béikəri]

☐ ☐ ☐

몡 빵집, 제과점
There is a famous *bakery* in the town.
그 마을에는 유명한 빵집이 있다.

0795

advice
[ædváis / ədváis]

☐ ☐ ☐

몡 충고, 조언
I want to give you some *advice*.
몇 마디 충고를 하겠다.

0796

tough
[tʌf]

☐ ☐ ☐

혱 질긴 (맨tender, soft); 튼튼한
The donkey is a *tough* animal.
당나귀는 억센 동물이다.

0797

refund
[ríːfʌnd]

☐ ☐ ☐

몡 반환, 환불
I'd like to get a *refund* for my bike.
자전거를 환불 받고 싶은데요.

0798

rewrite
[riːráit]

☐ ☐ ☐

동 고쳐 쓰다
He had to *rewrite* the article.
그는 그 기사를 고쳐 써야만 했다.

Minimal ✳ Phrases

□ **gather speed**	**속력**을 가하다
□ **cotton goods**	**면**제품
□ **a town full of smog**	**스모그**가 심한 도시
□ **a brutal attack**	**잔인한** 공격
□ **a medieval castle**	중세의 **성**
□ **minor planets**	소**행성**

0799

speed
[spi:d]

□ □ □

몡 속력

He drove at a terrific *speed*.
그는 무서운 속도로 차를 몰았다.

0800

cotton
[kátn / kɔ́tn]

□ □ □

몡 솜; 면

Cotton crushes very easily.
무명은 잘 구겨진다.

0801

smog
[smag / smɔ(:)g]

□ □ □

몡 스모그

Smog hung over the city.
스모그가 온 도시를 뒤덮었다.

0802

brutal
[brú:tl]

□ □ □

혱 잔인한; 혹독한

I was angry at his *brutal* manner.
나는 그의 야만적인 태도에 화가 났다.

0803

castle
[kǽsl / ká:sl]

□ □ □

몡 성

The *castle* is on the hill.
그 성은 언덕 위에 있다.

0804

planet
[plǽnət]

□ □ □

몡 행성

The closest *planet* to the Sun is
Mercury.
태양에서 가장 가까운 행성은 수성이다.

145

34th day

- ☐ **lost** sheep — 길 잃은 **양**
- ☐ an **active** volcano — **활**화산
- ☐ **settle** on the land — 땅에 **정착하다**
- ☐ make a **draft** — **초안**을 작성하다
- ☐ **bored** to death — **지루해서** 죽을 것 같은
- ☐ three **widths** of cloth — 세 **폭**의 천

0805

sheep
[ʃiːp]

☐ ☐ ☐

명 양

He is keeping his *sheep*.
그는 그의 양들을 지키고 있다.

0806

active
[ǽktiv]

☐ ☐ ☐

형 활동적인

Sportsmen are usually *active*.
스포츠맨은 보통 활동적이다.

0807

settle
[sétl]

☐ ☐ ☐

동 놓다; 정착하다

They *settled* immigrants in rural areas.
그들은 이민자들을 시골 지역에 정착시켰다.

0808

draft
[dræft]

☐ ☐ ☐

명 밑그림; 초안, 초고

When will the first *draft* be ready?
언제쯤 초안이 나오겠어요?

0809

bored
[bɔːrd]

☐ ☐ ☐

형 지루한; 싫증나는

We got *bored* with his lecture.
그의 강의는 우리를 지루하게 했다.

0810

width
[widθ / witθ]

☐ ☐ ☐

명 폭, 너비

It is 4 feet in *width*.
폭이 4피트이다.

146

Minimal ✶ Phrases

- ☐ **steer a ship** 배를 **조종하다**
- ☐ **suffer from stomachache** 복통을 **앓다**
- ☐ **in the shade** **그늘**에서
- ☐ **run across the street** 거리를 **가로질러** 달리다
- ☐ **bother with** ~에 **신경쓰다**
- ☐ **a feeble voice** **연약한** 목소리

0811
steer
[stiəːr]
☐☐☐

[동] 조종하다
Steer toward the right.
오른쪽으로 운전대를 돌려라.

0812
suffer
[sʌ́fər]
☐☐☐

[동] 경험하다; 견디다
They will ***suffer*** from hunger and air pollution. 그들은 굶주림과 공기 오염으로 고통 받을 것이다.

0813
shade
[ʃeid]
☐☐☐

[명] 그늘 [동] 빛을 가리다
It is quite cool in the ***shade***.
그늘은 매우 시원하다.

0814
across
[əkrɔ́ːs]
☐☐☐

[전] [부] ~건너편에, ~을 가로질러
The supermarket is ***across*** the street.
길 건너편에 슈퍼마켓이 있다.

0815
bother
[báðəːr / bɔ́ðəːr]
☐☐☐

[동] 괴롭히다; 걱정하다 ([유] worry) [명] 귀찮음
Don't ***bother*** about the expenses.
비용 걱정은 마라.

0816
feeble
[fíːbəl]
☐☐☐

[형] 연약한
He was a ***feeble*** old man.
그는 연약한 노인이었다.

35th day

Minimal * Phrases

- □ **provide scientific proof** 과학적 **증거**를 제공하다
- □ **asset management** **자산** 관리
- □ **a danger signal** 위험 **신호**
- □ **a global economic trend** **세계의** 경제 동향
- □ **a spaniel puppy** 스패니얼 종 **강아지**
- □ **fall into a snare** **덫**에 걸리다

0817

proof
[pru:f]
□ □ □

[명] 증명, 증거
There is no ***proof*** of that.
아무런 증거가 없다.

0818

asset
[æset]
□ □ □

[명] 자산; 재산
She was an invaluable ***asset*** to our firm.
그녀는 우리 회사의 귀중한 자산이었다.

0819

signal
[sígnəl]
□ □ □

[명] 신호
He neglects traffic ***signals*** at night.
그는 밤이 되면 교통신호를 무시한다.

0820

global
[glóubəl]
□ □ □

[형] 세계적인; 지구 전체의 ([유] worldwide)
Global warming is getting serious.
지구 온난화가 심각해지고 있다.

0821

puppy
[pʌ́pi]
□ □ □

[명] 강아지
The little boy hugged his ***puppy***.
어린 소년이 강아지를 껴안았다.

0822

snare
[snɛəːr]
□ □ □

[명] 덫, 올가미
He set a ***snare*** for rabbits.
그는 토끼를 잡으려고 덫을 놓았다.

Minimal ✳ Phrases

☐ a distant land	먼 땅
☐ move ahead	앞으로 이동하다
☐ a heavy storm	격렬한 폭풍
☐ the Sahara Desert	사하라 사막
☐ an unfair treatment	불평등한 대우
☐ a tender steak	연한 스테이크

0823

distant
[dístənt]

☐ ☐ ☐

혱 (거리가) 먼
She is my *distant* relative.
그녀는 나의 먼 친척이다.

0824

ahead
[əhéd]

☐ ☐ ☐

閉 앞으로, 전방에 (ㅠ forward)
Go straight *ahead*.
곧장 앞으로 나가시오.

0825

storm
[stɔːrm]

☐ ☐ ☐

몡 폭풍(우)
The *storm* ruined the crops.
폭풍우가 농작물을 망쳐 놓았다.

0826

desert
[dézərt]

☐ ☐ ☐

몡 사막
A *desert* lacks water.
사막에는 물이 없다.

0827

unfair
[ʌnféər]

☐ ☐ ☐

혱 불공평한
He had an *unfair* advantage.
그는 부당한 이익을 취했다.

0828

tender
[téndər]

☐ ☐ ☐

혱 부드러운, 연한 (ㅠ soft)
Tender meat is easy to chew.
연한 고기는 씹기 쉽다.

149

35th day

☐ a spider's **web**	**거미줄**
☐ a careful **choice**	신중한 **선택**
☐ divide **into groups**	그룹으로 **나누다**
☐ a real **bullet**	**실탄**
☐ polish **furniture**	가구를 **닦다**
☐ a major **talent**	두드러진 **재능**

0829
spider
[spáidər]
☐ ☐ ☐

몡 거미

A *spider* spins a web.
거미는 거미줄을 친다.

0830
choice
[tʃɔis]
☐ ☐ ☐

몡 선택

I don't have much *choice*.
선택의 여지가 별로 없다.

0831
divide
[diváid]
☐ ☐ ☐

통 나누다

When you *divide* 10 by 2, you get 5.
10을 2로 나누면 5가 된다.

0832
bullet
[búlit]
☐ ☐ ☐

몡 총알

There were *bullet* holes in the wall.
벽에 총알 자국들이 있었다.

0833
polish
[páliʃ / pɔ́liʃ]
☐ ☐ ☐

통 닦다, 윤을 내다

I *polish* my shoes regularly.
나는 정기적으로 구두를 닦는다.

0834
talent
[tǽlənt]
☐ ☐ ☐

몡 (타고난) 재능

She has a *talent* for music.
그녀는 음악에 재능이 있다.

150

☐ **Arbor Day**	**식목일**
☐ **sincere affection**	**진실된** 애정
☐ a **coast road**	**해안** 도로
☐ an **industrial robot**	산업 **로봇**
☐ a **dislike for**	～에 대한 **혐오**
☐ a man-eating **shark**	식인 **상어**

0835
arbor
[áːrbər]

몡 나무그늘, 정자
We plant trees on **Arbor** Day.
우리는 식목일에 나무를 심는다.

☐ ☐ ☐

0836
sincere
[sinsíər]

혭 성실한; 진실의
I want to have **sincere** friends.
나는 진실한 친구들을 원한다.

☐ ☐ ☐

0837
coast
[koust]

몡 해안 (윤 shore)
The boat is near the **coast**.
배가 해안 가까이에 있다.

☐ ☐ ☐

0838
robot
[róubət]

몡 로봇
A **robot** opened the door for me.
로봇이 내게 문을 열어 주었다.

☐ ☐ ☐

0839
dislike
[disláik]

동 싫어하다 몡 혐오
I **dislike** frozen foods.
나는 냉동 음식을 싫어한다.

☐ ☐ ☐

0840
shark
[ʃaːrk]

몡 상어
The **shark** is chasing Henry.
상어가 헨리를 쫓고 있다.

☐ ☐ ☐

36th day

☐ have a bad cough	심한 **기침**을 하다
☐ wander alone	**혼자** 돌아다니다
☐ winter sleep	동**면**
☐ a tight cap	**꼭 끼는** 모자
☐ cold water	냉**수**
☐ erase a line	선을 **지우다**

0841

cough
[kɔ(:)f / kaf]

☐ ☐ ☐

명 동 기침(하다)

This medicine will ease your *cough*.
이 약을 먹으면 기침이 가라앉을 것이다.

0842

alone
[əlóun]

☐ ☐ ☐

형 혼자인 부 혼자서

Grandma lives *alone*.
할머니는 혼자 사신다.

0843

sleep
[sli:p]

☐ ☐ ☐

동 자다 (반 wake) 명 잠

He *sleeps* eight hours every day.
그는 매일 8시간 잔다.

0844

tight
[tait]

☐ ☐ ☐

형 단단한; 꼭 끼는

This window doesn't shut *tightly*.
이 창문은 꼭 닫히지 않는다.

0845

water
[wɔ́:tər]

☐ ☐ ☐

명 물

They went across land and *water*.
그들은 육지와 바다를 가로질러 갔다.

0846

erase
[iréis / iréiz]

☐ ☐ ☐

동 지우다 (eraser 명 지우개)

His name was *erased* from the list.
그의 이름은 명단에서 삭제되었다.

152

Minimal ∗ Phrases

☐ **apply** for a job 일자리에 **지원하다**
☐ an **animal** farm **동물** 농장
☐ a political **career** 정치가로서의 **경력**
☐ marry a **millionaire** **백만장자**와 결혼하다
☐ **maximum** speed **최고** 속력
☐ chicken **noodle** soup 닭고기 **국수** 수프

0847
apply
[əplái]
☐ ☐ ☐

ⓦ 적용하다; 신청하다
He *applied* for a scholarship.
그는 장학금을 신청했다.

0848
animal
[ǽnəməl]
☐ ☐ ☐

ⓜ 동물; 짐승
Pollution is killing many *animals* today.
오늘날 오염으로 인해 많은 동물들이 죽고 있다.

0849
career
[kəríər]
☐ ☐ ☐

ⓜ 경력; 직업 ⓗ 직업적인
He is a *career* diplomat.
그는 직업 외교관이다.

0850
millionaire
[míljənɛr]
☐ ☐ ☐

ⓜ 백만장자, 큰 부자 (million ⓜ 백만)
I was not a bit surprised that he was a *millionaire*.
그가 백만장자라는 사실이 전혀 놀랍지 않았다.

0851
maximum
[mǽksəməm]
☐ ☐ ☐

ⓜ ⓗ 최대(의) (ⓟ minimum)
The excitement was at its *maximum*.
흥분이 극도에 이르렀다.

0852
noodle
[núːdl]
☐ ☐ ☐

ⓜ 국수
Noodles were first made in China.
국수는 중국에서 제일 먼저 만들어졌다.

Minimal * Phrases

☐ gather mushrooms	버섯을 **따다**
☐ English usage	영어 **용법**
☐ a paper napkin	종이 **냅킨**
☐ the force of nature	**자연**의 힘
☐ a plastic bag	**플라스틱** 봉투
☐ capture a criminal	범죄자를 **잡다**

0853

gather
[gǽðər]

☐ ☐ ☐

동 모으다; 수확하다
The farmers *gathered* their crops.
농민들은 그들의 농작물을 거둬 들였다.

0854

usage
[júːsidʒ]

☐ ☐ ☐

명 용법; 사용
This teaching method has wide *usage*. 이 교수법은 널리 쓰이고 있다.

0855

napkin
[nǽpkin]

☐ ☐ ☐

명 냅킨
Always keep your *napkin* on your lap.
냅킨은 언제나 무릎 위에 올려놓으시오.

0856

nature
[néitʃər]

☐ ☐ ☐

명 자연
The poet gets inspiration from *nature*.
그 시인은 자연으로부터 영감을 얻는다.

0857

plastic
[plǽstik]

☐ ☐ ☐

명 형 플라스틱(의)
I collected bottles, cans and *plastics*.
나는 병, 깡통, 플라스틱을 모았다.

0858

capture
[kǽptʃər]

☐ ☐ ☐

명 포획 동 붙잡다 (유 catch)
He evaded *capture* for three days.
그는 3일간 체포를 피해 다녔다.

Minimal ＊ Phrases

☐ **unplug** the phone	전화기 **플러그를 빼다**
☐ **accept** a proposal	신청을 **받아들이다**
☐ a computer **search**	컴퓨터 **검색**
☐ **replace** a fuse	퓨즈를 **갈아 끼우다**
☐ a rubber **eraser**	**고무**지우개
☐ have a midnight **snack**	야**식**을 먹다

0859

unplug
[ʌnplʌ́g]

☐ ☐ ☐

동 마개[플러그]를 뽑다

Please ***unplug*** the TV before you go to bed.
잠자러 가기 전에 TV 플러그를 빼세요.

0860

accept
[æksépt]

☐ ☐ ☐

동 받아들이다; 수락하다; 인정하다
(⊕ receive)

He ***accepted*** our proposal with a smile. 그는 미소로 우리들의 제안을 받아들였다.

0861

search
[səːrtʃ]

☐ ☐ ☐

동 찾다 명 조사; 수색

The police are ***searching*** for the killer.
경찰은 살인자를 찾고 있다.

0862

replace
[ripléis]

☐ ☐ ☐

동 대신하다; 제자리에 놓다

Replace the book on the shelf.
그 책을 선반 위 제자리에 놓아라.

0863

rubber
[rʌ́bəːr]

☐ ☐ ☐

동 고무

Rubber stretches easily.
고무는 잘 늘어난다.

0864

snack
[snæk]

☐ ☐ ☐

동 간단한 식사, 간식

Popcorn is his favorite ***snack***.
팝콘은 그가 가장 좋아하는 스낵이다.

155

37th day

☐ take the blame	잘못의 **책임을 지다**
☐ sit on a swing	**그네**에 올라앉다
☐ pitch a ball	공을 **던지다**
☐ normal vision	정상적인 **시력**
☐ weigh potatoes	감자의 **무게를 달다**
☐ empty a bucket	**양동이**를 비우다

0865

blame
[bleim]

☐ ☐ ☐

명 동 비난(하다)
Don't **blame** him.
그를 비난하지 마라.

0866

swing
[swiŋ]

☐ ☐ ☐

동 흔들리다 명 그네
Ben is on a **swing**.
벤이 그네를 타고 있다.

0867

pitch
[pitʃ]

☐ ☐ ☐

동 던지다 (유 throw) 명 던지기
He **pitched** his coat onto the sofa.
그는 코트를 소파 위로 휙 던졌다.

0868

vision
[víʒən]

☐ ☐ ☐

명 시력 (유 sight)
My **vision** is perfect.
나의 시력은 아주 좋다.

0869

weigh
[wei]

☐ ☐ ☐

동 무게를 재다
He **weighed** vegetables on a balance.
그는 야채를 저울에 달았다.

0870

bucket
[bʌ́kit]

☐ ☐ ☐

명 양동이
The **bucket** is filled with sand and some dirty things.
그 양동이는 모래와 더러운 것들로 가득 차 있다.

Minimal ＊ Phrases

□ **press the switch**	**스위치**를 누르다
□ **indoor games**	**실내** 게임
□ **charge a fee**	수수료를 **받다**
□ **borrow a book**	책을 **빌리다**
□ **be reminded of one's childhood**	어린 시절이 **생각나다**
□ **mental health**	**정신** 건강

0871
switch
[switʃ]
□ □ □

동 스위치
Where is the light *switch*?
전등 스위치가 어디 있나요?

0872
indoor
[índɔːr]
□ □ □

형 실내의 (반 outdoor)
Bowling is an *indoor* sport.
볼링은 실내 운동이다.

0873
charge
[tʃɑːrdʒ]
□ □ □

동 부담시키다; 청구하다　명 청구 금액
Postal *charges* have gone up again.
우편 요금은 다시 인상되었다.

0874
borrow
[bárou / bɔrou]
□ □ □

동 빌리다 (반 lend)
You cannot *borrow* the magazine.
너는 그 잡지를 빌릴 수 없다.

0875
remind
[rimáind]
□ □ □

동 생각나게 하다
That picture *reminds* me of him.
저 그림은 그를 생각나게 한다.

0876
mental
[méntl]
□ □ □

형 마음의, 정신의 (반 bodily, physical)
The experience caused him much *mental* suffering.
그 경험으로 그는 많은 심적 고통을 겪었다.

37th day

☐ awake **from sleep**	잠에서 **깨어나다**
☐ **the original** version **of a play**	희곡의 **원본**
☐ realize **one's mistake**	자기 실수를 **깨닫다**
☐ **a** mixture **consisting of flour and water**	밀가루와 물로 **구성된** 혼합물
☐ ride a donkey	**당나귀**를 타다
☐ an interesting **story**	**재미있는** 이야기

0877

awake
[əwéik]

☐ ☐ ☐

동 깨우다 형 깨어 있는 (반 asleep)

She was fully *awake*.
그녀는 완전히 잠이 깼다.

0878

version
[vɔ́ːrʒən / vɔ́ːrʃən]

☐ ☐ ☐

명 버전; ~판

He read Tolstoy's works in the
English *version*.
그는 톨스토이의 작품을 영역본으로 읽었다.

0879

realize
[ríːəlàiz]

☐ ☐ ☐

동 실현하다; 깨닫다

At last he *realized* his own hope.
마침내 그는 자기 희망을 실현시켰다.

0880

consist
[kənsíst]

☐ ☐ ☐

동 이루어져 있다; ~에 있다

Water *consists* of hydrogen and
oxygen.
물은 수소와 산소로 되어 있다.

0881

donkey
[dáŋki / dɔ́(ː)ŋki]

☐ ☐ ☐

명 당나귀

The *donkey* has long ears.
당나귀 귀는 길다.

0882

interesting
[ínt(ə)ristiŋ]

☐ ☐ ☐

형 흥미 있는, 재미있는 (유 funny)

The book I am reading is *interesting*.
내가 읽고 있는 이 책은 재미있다.

158

Minimal ✳ Phrases

- [ ] **an unsafe period** — **위험한** 시기
- [ ] **be beside the point** — 주제에서 **벗어나다**
- [ ] **the tourist industry** — **관광** 산업
- [ ] **an upstairs room** — **위층**에 있는 방
- [ ] **an environmental effect** — 환경적 **영향**
- [ ] **the normal price** — **정상** 가격

0883

unsafe
[ʌnséif]

□ □ □

휑 위험한
The water is **unsafe** to swim in.
이 물은 수영하기에 안전하지 못하다.

0884

beside
[bisáid]

□ □ □

쩐 ~의 옆에
The car is **beside** the building.
자동차가 건물 옆에 있다.

0885

tourist
[túərist]

□ □ □

명 관광객, 여행자 휑 관광의
The bus was crowded with **tourists**.
그 버스는 관광객들로 만원이었다.

0886

upstairs
[ʌ́pstèərz]

□ □ □

휑 뷔 위층에[의]
He went **upstairs**.
그는 위층으로 올라갔다.

0887

effect
[ifékt]

□ □ □

명 결과 (유 consequence 땐 cause); 영향
They can also have bad **effects** on
teenagers.
그들은 10대들에게 나쁜 영향을 줄 수도 있다.

0888

normal
[nɔ́ːrməl]

□ □ □

명 휑 표준(의), 평균(의), 보통(의)
(땐 abnormal)
Rain is **normal** in this area.
비는 이 지역에서 일상적인 것이다.

38th day

☐ handle **a machine**	기계를 **다루다**
☐ recite **a poem**	시를 **낭송하다**
☐ **fried rice with** shrimp	새우 볶음밥
☐ **win a** lottery	**복권**에 당첨되다
☐ imitate **nature**	자연을 **모방하다**
☐ amuse **greatly**	매우 **즐겁게 하다**

0889

handle
[hǽndl]

☐ ☐ ☐

명 손잡이 통 다루다

I'm able to **handle** this kind of situation pretty well.
나는 이러한 상황을 잘 다룰 수 있다.

0890

recite
[risáit]

☐ ☐ ☐

통 읊다; 암송하다

She **recited** her poetry to the audience.
그녀는 청중 앞에서 자작시를 낭송했다.

0891

shrimp
[ʃrimp]

☐ ☐ ☐

명 새우

I've ordered fried **shrimp**.
저는 새우튀김을 주문했습니다.

0892

lottery
[látəri / lɔ́təri]

☐ ☐ ☐

명 복권

He won the **lottery** yesterday.
그는 어제 복권에 당첨됐다.

0893

imitate
[ímitèit]

☐ ☐ ☐

통 모방하다

Parrots **imitate** human speech.
앵무새는 인간의 말을 흉내 낸다.

0894

amuse
[əmjúːz]

☐ ☐ ☐

통 즐겁게 하다

The joke **amused** all of us.
그 농담에 우리는 모두 웃었다.

Minimal ✶ Phrases

☐ **injure slightly**	약간 **다치게 하다**
☐ **inform the police**	**경찰**에 알리다
☐ **master and servant**	**주인**과 종
☐ **pursue an ideal**	이상을 **추구하다**
☐ **ask pardon**	**용서**를 빌다
☐ **spread the wings**	날개를 **펴다**

0895
injure
[índʒər]
☐ ☐ ☐

통 상처를 입히다
He was *injured* in the accident.
그는 그 사고로 다쳤다.

0896
police
[pəlíːs]
☐ ☐ ☐

명 경찰
I hope to be a *police* officer after
graduation. 나는 졸업 후에 경찰이 되고 싶다.

0897
master
[mǽ(áː)stər]
☐ ☐ ☐

명 주인
The slaves feared their *master*.
노예들은 그들의 주인을 두려워했다.

0898
pursue
[pərsúː]
☐ ☐ ☐

통 뒤쫓다, 추적하다
The police officer *pursued* a thief.
경찰은 그 도둑을 추격했다.

0899
pardon
[páːrdn]
☐ ☐ ☐

명 통 용서(하다) (유 forgive)
He will not *pardon* you.
그는 너를 용서하지 않을 것이다.

0900
spread
[spred]
☐ ☐ ☐

통 펴다; 퍼지다
The rumor *spread* all over the town.
그 소문은 온 동네에 퍼졌다.

38th day

☐ high quality	고급 **품질**
☐ a thrifty habit	**절약하는** 습관
☐ a witch hunt	**마녀** 사냥
☐ rarely happen	**드물게** 발생하다
☐ earn praise	**칭찬**을 받다
☐ an early spring	**초봄**

0901

quality
[kwáləti / kwɔ́ləti]

☐ ☐ ☐

몡 질, 품질 (맨 quantity)

No goods can compete with this in the *quality*.
품질에 있어서 이것과 견줄 상품은 없다.

0902

thrifty
[θrífti]

☐ ☐ ☐

휑 검소한

He saved a lot of money by living a *thrifty* life.
그는 검소하게 살아 돈을 많이 모았다.

0903

witch
[witʃ]

☐ ☐ ☐

몡 마녀 (맨 wizard)

The *witch* changed the prince into a frog.
마녀가 왕자를 개구리로 바꿔 버렸다.

0904

rarely
[réəːrli]

☐ ☐ ☐

휑 드물게 (윤 seldom)

A miracle *rarely* happens.
기적은 드물게 일어난다.

0905

praise
[preiz]

☐ ☐ ☐

몡 동 칭찬(하다)

She was embarrassed by his *praise*.
그녀는 그의 칭찬에 당황했다.

0906

spring
[spriŋ]

☐ ☐ ☐

몡 봄 동 튀어 오르다

I look forward to the return of *spring*.
나는 봄이 돌아오기를 고대한다.

162

Minimal ✱ Phrases

☐ be expecting a baby	출산할 예정이다
☐ select a site	장소를 선정하다
☐ invent a new device	새 장치를 발명하다
☐ a direct flight	직행 항공편
☐ a local community	지역 사회
☐ an hour's delay	1시간의 지연

0907
expect
[ikspékt]
☐ ☐ ☐

통 기대하다
We are *expecting* a white Christmas this year. 올해 우리는 화이트 크리스마스를 기대하고 있다.

0908
select
[silékt]
☐ ☐ ☐

형 고른 통 고르다; 뽑다 (윤 choose)
Our shops *select* only the best produce.
우리 상점은 최고의 제품만을 엄선한다.

0909
invent
[invént]
☐ ☐ ☐

통 발명하다
Hangeul was *invented* by King Sejong.
한글은 세종대왕에 의해 창제되었다.

0910
flight
[flait]
☐ ☐ ☐

명 비행; (비행기) 편
My father is arriving on the next *flight*.
아버지가 다음 비행기 편으로 오신다.

0911
local
[lóukəl]
☐ ☐ ☐

형 지방[지역]의
He edits the *local* newspaper.
그는 지방 신문의 편집인이다.

0912
delay
[diléi]
☐ ☐ ☐

통 미루다 명 지연
He is anxious about her *delay*.
그는 그녀가 늦어서 걱정하고 있다.

Advanced Stage

좀 어렵게 느껴지는 단어도 나오지만 여기 나온 단어를 완벽하게 자신의 것으로 만든다면 영어에 대한 자신감이 생길 것입니다.

39th day

☐ **fog-bound airports**	안개 때문에 발이 **묶인** 공항
☐ **study abroad**	**해외** 유학하다
☐ **a lunar landing ship**	달**착륙**선
☐ **an airline pilot**	**항공기** 조종사
☐ **depart for London**	런던으로 **출발하다**
☐ **an airplane takes off**	**비행기**가 이륙하다

0913

bound
[baund]

☐ ☐ ☐

형 묶인

His hands were **bound**.
그는 손이 묶였다.

0914

abroad
[əbrɔ́ːd]

☐ ☐ ☐

부 외국에[으로] (반 home)

I shall go **abroad** next month.
나는 내달 외국에 간다.

0915

landing
[lǽndiŋ]

☐ ☐ ☐

명 착륙

Our plane made an emergency
landing.
우리 비행기는 비상 착륙을 했다.

0916

airline
[éərlàin]

☐ ☐ ☐

명 항공 회사

He is an **airline** pilot.
그는 항공기 조종사이다.

0917

depart
[dipáːrt]

☐ ☐ ☐

동 출발하다

Our train **departs** from platform
seven.
우리가 탈 기차는 7번 플랫폼에서 출발한다.

0918

airplane
[éərplèin]

☐ ☐ ☐

명 〈미〉 비행기 (〈영〉 aeroplane)

A pilot flies an **airplane**.
조종사는 비행기를 조종한다.

Minimal ✶ Phrases

☐ a ship's **captain**	**선장**
☐ **Eastern** ideas	**동양** 사상
☐ **fasten** buttons	단추를 **잠그다**
☐ a bronze **statue**	청동 **상**
☐ gain one's **liberty**	**자유**를 얻다
☐ **curtained** windows	**커튼을 친** 창

0919
captain
[kǽptin]

☐ ☐ ☐

⃟ (팀의) 주장; 선장

The *captain* walked the deck.
선장은 갑판을 걸었다.

0920
eastern
[íːstərn]

☐ ☐ ☐

⃟ 동쪽의

This house has an *eastern* aspect.
이 집은 동향이다.

0921
fasten
[fǽsn / fáːsn]

☐ ☐ ☐

⃟ 매다; 잠그다

Please *fasten* your seat belts.
안전벨트를 매세요.

0922
statue
[stǽtʃuː]

☐ ☐ ☐

⃟ 상(像), 조각상

The base of the *statue* is cement.
그 조각상의 토대는 시멘트이다.

0923
liberty
[líbərti]

☐ ☐ ☐

⃟ 자유 (⃟ freedom)

The Statue of *Liberty* is in New York.
자유의 여신상은 뉴욕에 있다.

0924
curtain
[kɔ́ːrtən]

☐ ☐ ☐

⃟ 커튼; (극장의) 막 ⃟ 커튼을 치다

The *curtain* is rising.
막이 오르고 있다.

39th day

☐ a lonely street	쓸쓸한 거리
☐ similar tastes	비슷한 취미
☐ popular culture	대중문화
☐ a perfect answer	완벽한 대답
☐ chicken soup	닭고기 수프
☐ a serious illness	심각한 병

0925

lonely
[lóunli]

☐ ☐ ☐

혱 고독한, 혼자인

He lived a *lonely* life.
그는 고독한 일생을 보냈다.

0926

similar
[símələr]

☐ ☐ ☐

혱 비슷한, 닮은

The sisters look very *similar*.
그 자매는 많이 닮았다.

0927

culture
[kʌ́ltʃər]

☐ ☐ ☐

몡 문화

Teenage *culture* is different from
adult culture.
십대 문화는 성인문화와 다르다.

0928

perfect
[pə́:rfikt]

☐ ☐ ☐

혱 완벽한, 나무랄 데 없는

His English paper was *perfect*.
그의 영어 답안은 나무랄 데가 없었다.

0929

chicken
[tʃíkin]

☐ ☐ ☐

몡 혱 닭(고기의)

A rooster is an adult male *chicken*.
'rooster' 는 다 큰 수탉이다.

0930

serious
[síəriəs]

☐ ☐ ☐

혱 진지한; 중대한, (병 등이) 심한

His injury was not *serious*.
그의 부상은 심하지 않았다.

168

Minimal ＊ Phrases

☐ **nature's wonders**	자연계의 **경이**
☐ **a special train**	**특별** 열차
☐ **a beauty contest**	미인 **대회**
☐ **close a speech**	**연설**을 끝내다
☐ **a space development project**	우주 개발 **계획**
☐ **explain briefly**	간단히 **설명하다**

0931

wonder
[wʌ́ndər]

☐ ☐ ☐

동 궁금해 하다, 의아해 하다 명 경이

I **wondered** where they went on holiday.
나는 그들이 휴가 동안 어디에 갔었는지 궁금했다.

0932

special
[spéʃəl]

☐ ☐ ☐

형 특별한, 특수한

We eat **special** food on New Year's Day.
우리는 설날에 특별한 음식을 먹는다.

0933

contest
[ká(ɔ́)ntest]

☐ ☐ ☐

명 대회; 경쟁

He won the speech **contest**.
그는 웅변 대회에서 우승했다.

0934

speech
[spi:tʃ]

☐ ☐ ☐

명 말; 연설

He made a **speech** in English.
그는 영어로 연설을 했다.

0935

project
[prádʒekt]

☐ ☐ ☐

명 계획 (유 plan)

He explained his **project** to me.
그는 나에게 자신의 계획을 설명했다.

0936

explain
[ikspléin]

☐ ☐ ☐

동 설명하다

She **explained** the problem to me.
그녀가 나에게 그 문제를 설명했다.

40th day

□ a big **builder**	큰 **건설회사**
□ fly **nonstop**	**논스톱으로** 비행하다
□ **one-way** traffic	**일방통행**
□ the **general** public	**일반** 대중
□ a personal **opinion**	개인적인 **의견**
□ speak **quickly**	**빨리** 말하다

0937

builder
[bíldər]

□ □ □

ⓗ 건축업자, 건설회사

He is a big **builder** of houses in the area.
그는 그 지역의 대규모 주택 건축업자이다.

0938

nonstop
[nà(ɔ)nstá(ɔ)p]

□ □ □

ⓗ ⓑ 직행의[으로]

He was very excited and talked **nonstop**.
그는 매우 흥분해서 쉬지 않고 말을 했다.

0939

one-way
[wán wei]

□ □ □

ⓗ 한쪽(만)의, 일방통행의

What's the **one-way** fare?
편도 요금이 얼마입니까?

0940

general
[ʤénərəl]

□ □ □

ⓗ 일반의 (⨾ special) ⓗ 장군

He became a **general**.
그는 장군이 되었다.

0941

opinion
[əpínjən]

□ □ □

ⓗ 의견, 견해

In my **opinion**, you're wrong.
내 생각으로는 네가 그르다.

0942

quickly
[kwíkli]

□ □ □

ⓑ 빨리, 급히 (⨾ slowly)

Time goes by so **quickly**.
시간은 너무 빨리 지나간다.

Minimal * Phrases

□ the inter-Korean **border**	남북한 **접경**
□ act **rudely**	**버릇없이** 행동하다
□ satisfy a **desire**	**욕망**을 만족시키다
□ **migrate** from Seoul to Incheon	서울에서 인천으로 **이주하다**
□ a **danger** signal	**위험** 신호
□ **display** goods	상품을 **전시하다**

0943

border
[bɔ́:rdər]

□ □ □

몡 가장자리, 경계, 국경 동 ~에 접하다

The steep path is the sole access to the **border**.
가파른 그 길이 국경으로 가는 유일한 방법이다.

0944

rudely
[rú:dli]

□ □ □

倶 버릇없이

He laughed **rudely**.
그는 버릇없이 웃었다.

0945

desire
[dizáiər]

□ □ □

동 바라다 (⑪ want); 요구하다 몡 욕구

We all **desire** success.
우리는 모두 성공을 바란다.

0946

migrate
[máigreit]

□ □ □

동 이주하다, 옮겨 살다

These birds **migrate** to South America every spring.
이 새들은 매년 봄에 남미로 이동한다.

0947

danger
[déindʒər]

□ □ □

몡 위험 (⑫ safety)

The bodyguard protected her against **danger**.
경호원은 위험으로부터 그녀를 보호했다.

0948

display
[displéi]

□ □ □

몡 동 전시(하다); 나타내다 (⑪ show)

His work **displays** a poverty of imagination.
그의 작품은 상상력 빈곤을 보여준다.

40th day

☐ remain in one's memory	기억에 **남다**
☐ an outdoor life	**야외** 생활
☐ an American citizen	미국 **시민**
☐ poetry and prose	**시**와 산문
☐ scrape paint from a door	문의 페인트를 **긁어내다**
☐ cellular structure	**세포** 구조

0949

remain
[riméin]

☐ ☐ ☐

동 남다

A few leaves *remain* on the tree.
나뭇잎 몇 개가 나무에 달려 있다.

0950

outdoor
[áutdɔ̀ːr]

☐ ☐ ☐

형 집 밖의, 야외의 (반 indoor)

He is swimming in an *outdoor* pool.
그는 야외 수영장에서 수영하고 있다.

0951

citizen
[sítəzən]

☐ ☐ ☐

명 시민

Every *citizen* has civil rights and duties.
모든 시민은 시민의 권리와 의무를 갖고 있다.

0952

poetry
[póuitri]

☐ ☐ ☐

명 시

She has no talent for *poetry*.
그녀는 시에 재능이 없다.

0953

scrape
[skreip]

☐ ☐ ☐

동 문지르다

Scrape your boots clean before you come in.
들어오기 전에 신발을 깨끗이 문질러 닦으시오.

0954

cellular
[séljələr]

☐ ☐ ☐

형 세포의

I have to study *cellular* structure for my exam.
나는 시험을 위해 세포구조를 공부해야 한다.

Minimal ＊ Phrases

☐ admire **his courage**	그의 용기에 **감탄하다**
☐ **break a** branch	**나뭇가지를** 꺾다
☐ breathe **deeply**	**심호흡하다**
☐ **culture** shock	문화 **충격**
☐ **an** enemy **soldier**	**적군**
☐ **attend a** funeral	**장례식**에 참석하다

0955

admire
[æ(ə)dmáiər]

☐ ☐ ☐

동 감탄하다

I *admire* him for his success in business.
나는 그의 사업 성공을 감탄한다.

0956

branch
[bræntʃ / braːntʃ]

☐ ☐ ☐

명 나뭇가지; 지사

The birds are sitting on a *branch*.
새들이 나뭇가지 위에 앉아 있다.

0957

breathe
[briːð]

☐ ☐ ☐

동 숨 쉬다

I want to *breathe* fresh air.
나는 신선한 공기를 호흡하고 싶다.

0958

shock
[ʃak / ʃɔk]

☐ ☐ ☐

명 동 충격(을 주다)

The news is a *shock* to us.
그 소식은 우리에게 충격적인 것이다.

0959

soldier
[sóuldʒər]

☐ ☐ ☐

명 군인, 병사

The *soldiers* will fight bravely.
군인들은 용감히 싸울 것이다.

0960

funeral
[fjúːnərəl]

☐ ☐ ☐

형 장례의 명 장례식

His *funeral* was held at the church.
그의 장례식은 교회에서 치러졌다.

173

41st day

- ☐ unless I'm mistaken — 내가 오해하지 **않았다면**
- ☐ a very big parcel indeed — **정말로** 매우 큰 소포
- ☐ seldom late — **좀처럼** 늦지 **않다**
- ☐ express a thought — **생각**을 표현하다
- ☐ neglect a baby — 아기를 **방치하다**
- ☐ a positive fact — **명확한** 사실

0961

unless
[ənlés]

☐ ☐ ☐

접 만약 ~이 아니라면 (㊀ if not)
We shall go *unless* it rains.
만일 비가 오지 않으면 우리는 갈 것이다.

0962

indeed
[indíːd]

☐ ☐ ☐

부 실로, 참으로
A friend in need is a friend *indeed*.
어려울 때 친구가 참다운 친구다.

0963

seldom
[séldəm]

☐ ☐ ☐

부 드물게 (㊀ rarely); 좀처럼 ~않는
He *seldom* complains.
그는 좀처럼 불평하지 않는다.

0964

thought
[θɔːt]

☐ ☐ ☐

명 생각
His *thought* is behind the times.
그의 생각은 시대에 뒤떨어져 있다.

0965

neglect
[niglékt]

☐ ☐ ☐

동 무시하다; 게을리 하다 명 태만
You should not *neglect* parental
responsibilities.
부모의 책임을 소홀히 해서는 안 된다.

0966

positive
[pá(ɔ́)zətiv]

☐ ☐ ☐

형 긍정적인; 명확한; 확신하는
She has a very *positive* attitude to life.
그녀는 삶에 대해 아주 긍정적인 태도를 지니고
있다.

Minimal ✱ Phrases

- ☐ **donate blood** — 헌혈하다
- ☐ **the Changdeok Palace** — 창덕궁
- ☐ **speak in dialect** — 사투리로 말하다
- ☐ **extend a visa** — 비자를 연장하다
- ☐ **play sacred music** — 종교 음악을 연주하다
- ☐ **rainbow-colored** — 무지개 빛깔의

0967
donate
[dó(o)une(é)it]
☐ ☐ ☐

[동] 기증[기부]하다
I ***donated*** money for her.
나는 그녀를 위해 돈을 기부했다.

0968
palace
[pǽlis]
☐ ☐ ☐

[명] 궁전
He arrived at the ***palace*** where the king lived.
그는 왕이 살았던 궁전에 도착했다.

0969
dialect
[dáiəlèkt]
☐ ☐ ☐

[명] 방언, 지방 사투리
She speaks a broad Gyeongsang-do ***dialect***.
그 여자는 진한 경상도 사투리를 쓴다.

0970
extend
[iksténd]
☐ ☐ ☐

[동] 확장하다, 늘이다
He asked me to ***extend*** my legs.
그는 다리를 펴 보라고 했다.

0971
sacred
[séikrid]
☐ ☐ ☐

[형] 신성한; 종교적인 ([유] holy)
Marriage is ***sacred***.
결혼은 신성한 것이다.

0972
rainbow
[réinbòu]
☐ ☐ ☐

[명] 무지개
There is a ***rainbow*** over the mountain.
그 산 위에 무지개가 있다.

41st day

Minimal * Phrases

□ annual rainfall	연간 강우량
□ survive one's children	자식들보다 오래 살다
□ a poem in rhyme	운율이 있는 시
□ a sense of rhythm	리듬감
□ a copper pipe	구리 파이프
□ achieve success	성공을 거두다

0973
rainfall
[réinfɔ̀:l]
□ □ □

[명] 강우(량)
We haven't had much ***rainfall*** this year.
금년에는 강우량이 많지 않았다.

0974
survive
[sə*r*váiv]
□ □ □

[동] 살아남다
He has ***survived*** the plane crash.
그는 비행기 추락사고에서 살아남았다.

0975
rhyme
[raim]
□ □ □

[명] 운, 운율
Can you think of a ***rhyme*** for 'fellow'?
너는 'fellow' 라는 단어에 어울리는 운율어를 생각해낼 수 있니?

0976
rhythm
[ríðəm]
□ □ □

[명] 박자, 리듬
He plays in a fast ***rhythm***.
그는 빠른 리듬으로 연주한다.

0977
copper
[kápə*r* / kɔ́pə*r*]
□ □ □

[명] [형] 구리(의)
Copper is used to make things such as coins and electrical wires.
구리는 동전이나 전선 등을 만드는 데 쓰인다.

0978
achieve
[ətʃí:v]
□ □ □

[동] 이루다 ([유] accomplish)
She has ***achieved*** worldwide fame.
그녀는 세계적인 명성을 얻었다.

Minimal * Phrases

- □ cultural differences — 문화적 차이
- □ an earnest conversation — 진지한 대화
- □ climb to the summit — 정상까지 올라가다
- □ a family reunion at Christmas — 크리스마스 때의 가족 재회
- □ produce cars — 자동차를 만들다
- □ the opposite direction — 반대 방향

0979
cultural
[kʌ́ltʃərəl]
□□□
[형] 문화의; 교양의
The two countries make ***cultural*** exchanges.
그 두 나라는 문화 교류를 하고 있다.

0980
earnest
[ə́ːrnist]
□□□
[형] 진지한, 열심인
She wore an ***earnest*** expression.
그녀는 진지한 표정을 지었다.

0981
summit
[sʌ́mit]
□□□
[명] 정상; 절정
I reached the ***summit*** of happiness.
나는 행복의 절정에 도달했다.

0982
reunion
[riːjúːnjən]
□□□
[명] 재결합; 재회
We have a family ***reunion*** once a month. 우리는 한 달에 한 번씩 가족 재회의 모임을 갖는다.

0983
produce
[prəd(j)úːs [동] / prádjuːs [명]]
□□□
[동] 생산하다, 제조하다 [명] 생산물
Hens ***produce*** eggs.
암탉은 알을 낳는다.

0984
direction
[di(ai)rékʃən]
□□□
[명] 방향, 방위; 지시
We looked in the ***direction*** of the sea.
우리는 바다 방향을 바라보았다.

42nd day

☐ perform surgery	수술을 **하다**
☐ refuse a bribe	뇌물을 **거절하다**
☐ a hundred percent silk dress	100 **퍼센트** 실크 옷
☐ justice and freedom	정의와 **자유**
☐ in the 19th century	19**세기**에
☐ become a doctor	의사**가 되다**

0985

perform
[pərfɔ́ːrm]

☐ ☐ ☐

图 행하다, 하다; 연주하다, 상연하다
(㈜ play)

They *performed* a ceremony.
그들은 의식을 거행했다.

0986

refuse
[rifjúːz]

☐ ☐ ☐

图 거절하다, 거부하다 (㈘ accept)

I *refused* her offer.
나는 그녀의 제안을 거절했다.

0987

percent
[pərsént]

☐ ☐ ☐

图 퍼센트, 백분율

Ninety *percent* of people have a car.
90%의 사람들이 차를 갖고 있다.

0988

freedom
[fríːdəm]

☐ ☐ ☐

图 자유

The price of *freedom* is responsibility.
자유의 대가는 책임이다.

0989

century
[séntʃəri]

☐ ☐ ☐

图 세기, 백년

This building was built in the
nineteenth *century*.
이 건물은 19세기에 지어졌다.

0990

become
[bikʌ́m]

☐ ☐ ☐

图 ~이 되다

She's *become* a vegetarian.
그녀는 채식주의자가 되었다.

178

Minimal * Phrases

☐ write in a notebook	공책에 적다
☐ be harmful to society	사회에 해롭다
☐ a helpful map	도움이 되는 지도
☐ be against the plan	계획에 반대하다
☐ a verb phrase	동사구
☐ almost certainly	거의 확실히

0991

notebook
[nóutbùk]

☐ ☐ ☐

® 공책, 노트

I opened my *notebook*.
나는 노트를 폈다.

0992

harmful
[háːrmfəl]

☐ ☐ ☐

® 해로운

Smoking is *harmful* to your health.
흡연은 건강에 해롭다.

0993

helpful
[hélpfəl]

☐ ☐ ☐

® 도움이 되는 (⑪ useful)

This knife is *helpful* in many ways.
이 칼은 여러 가지로 유용하다.

0994

against
[əgénst / əgéinst]

☐ ☐ ☐

® ~을 거슬러; ~에 부딪혀

That's *against* the law.
그것은 법에 위배된다.

0995

phrase
[freiz]

☐ ☐ ☐

® 어구

He answered in a carefully chosen
phrase.
그는 신중히 선택한 어구로 답했다.

0996

certainly
[sə́ːrtnli]

☐ ☐ ☐

® 반드시, 틀림없이, 확실히

He will *certainly* come.
그는 꼭 올 것이다.

179

42nd day

☐ a bamboo chair	대나무 의자
☐ besides me	나 말고도
☐ though he is young	비록 그는 젊지만
☐ stars twinkling in the sky	하늘에 반짝이는 별
☐ a pair of scissors	가위 하나
☐ suggest a tour of the museum	박물관 견학을 제안하다

0997

bamboo
[bæmbú:]

명 대나무

She bought a *bamboo* basket.
그녀는 대나무 바구니를 샀다.

☐ ☐ ☐

0998

besides
[bisáidz]

분 그 밖에 전 ~외에도

He speaks French *besides* English.
그는 영어 외에도 불어를 한다.

☐ ☐ ☐

0999

though
[ðou]

접 비록 ~이지만 분 하지만

Though it may seem strange, it is not.
비록 이상해 보일지 모르지만 그렇지 않다.

☐ ☐ ☐

1000

twinkle
[twíŋkəl]

동 반짝반짝 빛나다 (윤 shine)

Stars *twinkle* bright.
별이 밝게 빛나고 있다.

☐ ☐ ☐

1001

scissors
[sízəːrz]

명 〈복수취급〉 가위

Mary is cutting hair with *scissors*.
메리는 가위로 머리카락을 자르고 있다.

☐ ☐ ☐

1002

suggest
[səgdʒést]

동 암시하다; 제안하다 (윤 recommend, propose)

I *suggested* waiting.
나는 기다리자고 제안했다.

☐ ☐ ☐

180

Minimal * Phrases

□ **one's beloved wife** — <u>사랑하는</u> 아내
□ **modern dance** — <u>현대</u> 무용
□ **a reliable friend** — <u>믿을 수 있는</u> 친구
□ **enjoy the scenery** — <u>경치</u>를 즐기다
□ **the northern region** — <u>북부</u> 지역
□ **common sense** — <u>일반</u> 상식

1003
beloved
[bilʌ́vi(v)d]
□ □ □

형 사랑스러운
He lost his **beloved** wife last year.
그는 작년에 사랑스러운 아내를 잃었다.

1004
modern
[má(ɔ́)dərn]
□ □ □

형 근대의, 현대적인 (반 old)
This building is **modern**.
이 건물은 현대식이다.

1005
reliable
[rilái̯əbəl]
□ □ □

형 믿을 수 있는
He needs a **reliable** person for the position.
그는 그 직책에 믿을 만한 사람을 필요로 한다.

1006
scenery
[síːnəri]
□ □ □

명 풍경, 경치
Alpine **scenery** is grand.
알프스의 경치는 웅대하다.

1007
northern
[nɔ́ːrðərn]
□ □ □

형 북쪽에 있는
The **northern** part of the country is mountainous.
그 나라의 북부는 산이 많다.

1008
common
[ká(ɔ́)mən]
□ □ □

형 보통의, 평범한; 공통의
Snow is **common** here.
이곳은 눈이 흔하다.

43rd day

- ☐ at exactly six o'clock   **정각** 6시에
- ☐ a clear autumn day   맑은 **가을** 날
- ☐ ancestor worship   **조상** 숭배
- ☐ a desk calendar   책상용 **달력**
- ☐ bring a message   **메시지를** 전하다
- ☐ a close relative   가까운 **친척**

1009
exactly
[igzǽktli]

☐ ☐ ☐

(부) 정확하게 (㈜ precisely)
The twins look *exactly* the same.
그 쌍둥이는 정말 똑같다.

1010
autumn
[ɔ́ːtəm]

☐ ☐ ☐

(명) 〈영〉 가을 (〈미〉 fall)
The sky is high in *autumn*.
가을에는 하늘이 높다.

1011
ancestor
[ǽnsestər]

☐ ☐ ☐

(명) 조상 (㈜ descendant)
His *ancestors* came from Spain.
그의 선조는 스페인 출신이다.

1012
calendar
[kǽləndər]

☐ ☐ ☐

(명) 달력, 캘린더
A big *calendar* is hanging on the wall.
큰 달력이 벽에 걸려 있다.

1013
message
[mésidʒ]

☐ ☐ ☐

(명) 메시지, 전하는 말
I have a *message* for you.
당신에게 전할 말이 있다.

1014
relative
[rélətiv]

☐ ☐ ☐

(명) 친척 (형) 비교상의; 상대적인
She is my distant *relative*.
그녀는 나의 먼 친척이다.

Minimal ✶ Phrases

- ☐ **Muslim pilgrims** 이슬람교 **순례자들**
- ☐ **the national park** **국립**공원
- ☐ **a national holiday** 국경**일**
- ☐ **neither read nor write** 읽지**도** 쓰지**도 못하다**
- ☐ **tumble down the stairs** 계단에서 **굴러 떨어지다**
- ☐ **tremble with fear** 공포로 **떨다**

1015
pilgrim
[pílgrim]
☐ ☐ ☐

[명] 순례자
The *pilgrims* failed to find a place to settle.
순례자들은 정착할 곳을 찾는 데 실패했다.

1016
national
[nǽʃənəl]
☐ ☐ ☐

[형] 국민의, 국가의, 국립의
That is the *national* flag of Korea.
저것이 한국의 국기이다.

1017
holiday
[há(ɔ́)lədè(e)i]
☐ ☐ ☐

[명] 휴일, 휴가
I'm on *holiday* next week.
나는 다음 주에 휴가다.

1018
neither
[ní:ðər / náiðər]
☐ ☐ ☐

[부] (neither A nor B로) A도 B도 아니다
I know *neither* his father nor his mother. 나는 그의 아버지도 어머니도 모른다.

1019
tumble
[tʌ́mbəl]
☐ ☐ ☐

[동] 굴러 떨어지다 [명] 넘어짐
She took a nasty *tumble*.
그녀는 심하게 넘어졌다.

1020
tremble
[trémbəl]
☐ ☐ ☐

[동] 떨다
She *trembled* at the sound.
그녀는 그 소리에 몸을 떨었다.

43rd day

- ☐ **love you** forever   **영원히** 너를 사랑한다
- ☐ **sit on the** ground   **땅**에 앉다
- ☐ **a** squirrel **storing food**   식량을 저장하는 **다람쥐**
- ☐ **a business** section   상업 **지역**
- ☐ **a long-lived** battery   수명이 긴 **전지**
- ☐ **show an** example   **본**을 보이다

1021

forever
[fərévər]

☐☐☐

(부) 영원히, 영구히

I will love my parents *forever*.
나는 내 부모님을 영원히 사랑할 것이다.

1022

ground
[graund]

☐☐☐

(명) 땅, 지면; 운동장

The *ground* of our school is large.
우리 학교 운동장은 넓다.

1023

squirrel
[skwə́ː(í)rəl]

☐☐☐

(명) 다람쥐

The *squirrel* is sitting in the tree.
다람쥐가 나무에 앉아 있다.

1024

section
[sékʃən]

☐☐☐

(명) 부분, (책의) 절; (도시의) 구역

There are many *sections* in this office.
이 사무실에는 많은 부서가 있다.

1025

battery
[bǽtəri]

☐☐☐

(명) 전지

The *battery* went dead.
전지가 다 닳았다.

1026

example
[igzǽmpl]

☐☐☐

(명) 보기, 본보기

He gave them a good *example*.
그는 그들에게 좋은 본을 보여 주었다.

184

Advanced Stage ● ● ● ●

Minimal ✳ Phrases

☐ a **beauty** contest	**미인**선발대회
☐ an engine **trouble**	엔진 **고장**
☐ a **gentle** heart	**상냥한** 마음
☐ a **double** price	**두 배의** 값
☐ in **another** moment	**다음** 순간에
☐ finish **within** a week	1주일 **안에** 끝내다

1027
beauty
[bjúːti]

☐ ☐ ☐

몡 아름다움, 미; 미인
We were charmed with the *beauty* of the palace.
우리는 그 궁전의 아름다움에 매혹되었다.

1028
trouble
[trʌ́bl]

☐ ☐ ☐

몡 불편, 폐; 문제점; 근심; 고생
동 괴롭히다; 걱정시키다
I am sorry to cause you so much *trouble*. 너무 폐를 끼쳐 미안합니다.

1029
gentle
[dʒéntl]

☐ ☐ ☐

휑 상냥한, 점잖은
A *gentle* rain was falling.
조용한 비가 내리고 있었다.

1030
double
[dʌ́bəl]

☐ ☐ ☐

휑 두 배의, 이중의 몡 두 배, 갑절
동 배로 늘다
This railroad has a *double* track.
이 철도선은 복선이다.

1031
another
[ənʌ́ðər]

☐ ☐ ☐

때 또 하나, 또 한 사람 휑 다른, 또 하나의
Give me *another*.
하나 더 주세요.

1032
within
[wiðín / wiθín]

☐ ☐ ☐

젠 (시간·거리 등이) ~의 안에, ~이내에
He will be back *within* a week.
그는 1주일 이내에 돌아올 것이다.

44th day

☐ a regular triangle	정삼각형
☐ a terrific party	아주 신나는 파티
☐ sleep enough	충분히 자다
☐ belong to this club	이 클럽에 속하다[회원이다]
☐ a brave attempt	용감한 시도
☐ a good chance	절호의 기회

1033

triangle
[tráiæŋgəl]
☐ ☐ ☐

몡 삼각형
A *triangle* has three sides.
삼각형에는 세 개의 변이 있다.

1034

terrific
[tərífik]
☐ ☐ ☐

혱 굉장한; 멋진
He is a *terrific* baseball player.
그는 야구를 굉장히 잘한다.

1035

enough
[inʌ́f]
☐ ☐ ☐

혱 충분한, 넉넉한 몑 충분히
I have *enough* money to buy a book.
나는 책을 살 충분한 돈이 있다.

1036

belong
[bilɔ́:ŋ]
☐ ☐ ☐

됭 속하다, ~의 소유이다
That dictionary *belongs* to me.
그 사전은 나의 것이다.

1037

attempt
[ətémpt]
☐ ☐ ☐

몡 됭 시도(하다)
She *attempted* to find a job.
그녀는 일자리를 찾으려고 했다.

1038

chance
[tʃæns / tʃɑːns]
☐ ☐ ☐

몡 기회; 가망
There is a *chance* that she may
survive. 그녀는 살 가망이 있다.

186

Minimal ✳ Phrases

□ the social environment — 사회적 환경
□ moral philosophy — 윤리학
□ hard-working miners — 성실한 광부들
□ a minor party — 소수당
□ a nice person — 좋은 사람
□ guess her age — 그녀의 나이를 추측하다

1039
social
[sóuʃəl]
□ □ □

형 사회적인
I take part in many *social* activities.
나는 여러 사회활동에 참여한다.

1040
moral
[mɔ́(:)rəl / márəl]
□ □ □

형 도덕(상)의 (반 immoral)
Man is a *moral* animal.
인간은 도덕적 동물이다.

1041
miner
[máinər]
□ □ □

형 광부
My father was a coal *miner*.
나의 아버지는 석탄을 캐는 광부였다.

1042
minor
[máinər]
□ □ □

형 작은; 중요치 않은 명 미성년자
It's only a *minor* problem.
그것은 단지 사소한 문제다.

1043
person
[pə́:rsn]
□ □ □

명 사람, 인간
He is a bad *person*.
그는 나쁜 사람이다.

1044
guess
[ges]
□ □ □

동 추측하다, 판단하다
I *guess* she is eight years old.
나는 그녀가 8살이라고 추측한다.

44th day

Minimal * Phrases

□ an unwelcome guest	달갑지 않은 손님
□ argue logically	논리적으로 주장을 펴다
□ arrive at a village	마을에 도착하다
□ a quarter of a cake	케이크의 4분의 1
□ the seven o'clock train	7시발 기차
□ a born pianist	타고난 피아니스트

1045
guest
[gest]
□ □ □

[명] (초대받은) 손님 [형] 손님용의
I was his ***guest*** for a month.
나는 한 달 동안 그의 집에 손님으로 있었다.

1046
argue
[á:rgju:]
□ □ □

[동] 논쟁하다 ([유] discuss); 주장하다
I ***argue*** with my brother all the time.
나는 항상 형과 논쟁을 한다.

1047
arrive
[əráiv]
□ □ □

[동] 도착하다, 다다르다 ([반] leave, start)
They ***arrived*** late.
그들은 늦게 도착했다.

1048
quarter
[kwɔ́:rtər]
□ □ □

[명] 4분의 1, 15분
There is a ***quarter*** of an orange left.
귤의 4분의 1이 남아 있다.

1049
o'clock
[əklák / əklɔ́k]
□ □ □

[부] ~시 (on the clock의 줄임말)
It is just ten ***o'clock***.
정각 10시이다.

1050
pianist
[piǽnist / píənist]
□ □ □

[명] 피아니스트
She is a famous ***pianist***.
그녀는 유명한 피아니스트다.

Minimal ✳ Phrases

- [ ] **a correct answer** — **정확한** 대답
- [ ] **change the subject** — **화제**를 바꾸다
- [ ] **a film studio** — 영화 **촬영소**
- [ ] **an assistant director** — (영화의) 조**감독**
- [ ] **control a plane** — 비행기를 **조종하다**
- [ ] **open space** — 빈 **공간**

1051
correct
[kərékt]

⟨형⟩ 정확한, 옳은

That clock shows the *correct* time.
저 시계는 정확한 시간을 가리킨다.

□ □ □

1052
subject
[sʌ́bdʒikt]

⟨명⟩ 주제, 화제; (학교의) 과목

What is your favorite *subject*?
네가 가장 좋아하는 과목은 무엇이니?

□ □ □

1053
studio
[stjúːdiòu]

⟨명⟩ 스튜디오, 촬영소; 작업장

The photographers are inside the *studio*.
사진사가 스튜디오 안에 있다.

□ □ □

1054
director
[di(ai)réktər]

⟨명⟩ 지도자; 감독

He is an art *director* in England.
그는 영국에서 미술 감독이다.

□ □ □

1055
control
[kəntróul]

⟨동⟩ 지배하다, 관리하다

I could not *control* my feelings.
나는 감정을 억제할 수가 없었다.

□ □ □

1056
space
[speis]

⟨동⟩ 공간; 우주

All the parking *spaces* are taken.
주차장이 꽉 찼군요.

□ □ □

45th day

Minimal ✶ Phrases

- ☐ **sit in a circle** — 빙 둘러앉다
- ☐ **last month** — 지난 달
- ☐ **never tell a lie** — 결코 거짓말을 하지 않다
- ☐ **pause for breath** — 한숨 돌리기 위해 잠깐 쉬다
- ☐ **repeat news** — 뉴스를 반복하다
- ☐ **a late supper** — 늦은 저녁식사

1057
circle [sə́:rkl]
☐ ☐ ☐
[명] 원, 고리 [동] 둘러싸다, 원을 그리다
The people are seated in a ***circle***.
사람들이 원 모양으로 앉아 있다.

1058
month [mʌnθ]
☐ ☐ ☐
[명] 달, 월; 1개월
January is the first ***month*** of the year.
1월은 1년의 첫 번째 달이다.

1059
never [névər]
☐ ☐ ☐
[부] 결코 ~하지 않다; 한 번도 ~한 적이 없다
I'll ***never*** give it up.
나는 그것을 결코 포기하지 않겠다.

1060
pause [pɔ:z]
☐ ☐ ☐
[명] 중지 [동] 중단하다
I ***paused*** in the conversation.
나는 대화를 잠시 중지했다.

1061
repeat [ripí:t]
☐ ☐ ☐
[동] 반복하다, 되풀이하다
Don't ***repeat*** such an error.
그런 잘못을 되풀이하지 마라.

1062
supper [sʌ́pər]
☐ ☐ ☐
[명] 저녁식사
Supper is the last meal of the day.
저녁식사는 하루의 마지막 식사이다.

Minimal ✱ Phrases

- ☐ in full **bloom** 만**개**하여
- ☐ a correct **answer** 정**답**
- ☐ **choose** a reference book 참고서를 **고르다**
- ☐ **change** the rules 규칙을 **바꾸다**
- ☐ **regular** classes **정규** 수업
- ☐ a garden **behind** a house 집의 **뒤**뜰

1063
bloom
[bluːm]
☐☐☐

[명] 꽃 [동] 꽃이 피다
The rose ***blooms*** in May.
장미는 5월에 핀다.

1064
answer
[ǽnsər / ɑ́ːnsər]
☐☐☐

[명] 대답하다 ([반] ask) [명] 대답 ([반] question)
She ***answered*** my questions.
그녀는 내 질문에 대답했다.

1065
choose
[tʃuːz]
☐☐☐

[동] 뽑다, 고르다; 결정하다 (~to do)
We ***chose*** to go to the sea.
우리는 바다에 가기로 결정했다.

1066
change
[tʃeindʒ]
☐☐☐

[동] 바꾸다; 바뀌다, 변하다
He ***changed*** his mind.
그는 마음을 바꾸었다.

1067
regular
[régjələːr]
☐☐☐

[형] 정기적인; 규칙적인
Eating ***regular*** meals is good for your health.
규칙적인 식사를 하는 것은 건강에 좋다.

1068
behind
[biháind]
☐☐☐

[부] [전] (~의) 뒤에
She is hiding ***behind*** the door.
그녀는 문 뒤에 숨어 있다.

Minimal * Phrases

☐ **a comic book**	**만화책**
☐ **feel sleepy**	**졸음**이 오다
☐ **a couch potato**	**카우치** 포테이토
☐ **help the partner**	**파트너**를 돕다
☐ **run toward the sea**	바다를 **향해** 달리다
☐ **a step forward**	한 걸음 **앞으로**

1069

comic
[kámik / kɔ́mik]

☐ ☐ ☐

혱 희극의; 만화의

The *comic* book was very funny.
그 만화책은 매우 재미있었다.

1070

sleepy
[slíːpi]

☐ ☐ ☐

혱 졸리는, 졸리는 듯한

He looks very *sleepy*.
그는 대단히 졸린 듯하다.

1071

couch
[kautʃ]

☐ ☐ ☐

몡 소파

He slept on the *couch*.
그는 소파에서 잤다.

1072

partner
[páːrtnər]

☐ ☐ ☐

몡 (함께 활동하는) 상대; 파트너

I like my *partner*.
내 파트너가 마음에 든다.

1073

toward
[tɔːrd / təwɔ́ːrd]

☐ ☐ ☐

쩐 ~쪽으로, ~을 향하여

She was walking *toward* me.
그녀는 나를 향하여 걸어오고 있었다.

1074

forward
[fɔ́ːrwərd]

☐ ☐ ☐

훤 앞으로, 전방으로 (빤 backward)

She looked *forward*.
그녀는 앞을 바라보았다.

Minimal ✳ Phrases

☐ **public** services	공공 **서비스**
☐ **an education** system	교육 **제도**
☐ **a weekly** magazine	**주간지**
☐ **a short** period	짧은 **기간**
☐ **receive a reward**	**보상**을 받다
☐ **grant a degree**	**학위**를 주다

1075

service
[sə́ːrvis]
☐☐☐

명 봉사, 섬기기; 서비스
The *service* at the hotel is good.
그 호텔의 서비스는 좋다.

1076

system
[sístəm]
☐☐☐

명 제도; 체계, 조직; 방법
The welfare *system* of that country is not working well.
그 나라의 복지제도는 잘 운영되고 있지 않다.

1077

weekly
[wíːkli]
☐☐☐

형 매주의
This is a *weekly* newspaper.
이것은 주간 신문이다.

1078

period
[píəriəd]
☐☐☐

명 기간, 시기; (학교의) 시간, 교시
He stayed there for a short *period*.
그는 잠시 동안 그 곳에 머물렀다.

1079

reward
[riwɔ́ːrd]
☐☐☐

명 보수 동 보답하다
They received *rewards* for their efforts.
그들은 노력한 보답을 받았다.

1080

degree
[digríː]
☐☐☐

명 정도; 학위 (diploma 명 학위증, 졸업장)
I got a doctor's *degree* in philosophy in 2008.
나는 2008년에 철학 박사 학위를 받았다.

Minimal * Phrases

☐ attend a meeting	모임에 **참석하다**
☐ Korean History	한국 **역사**
☐ a terrible accident	**무시무시한** 사고
☐ lose height	**고도**를 낮추다
☐ have a boring time	**지루한** 시간을 보내다
☐ Which is ~?	**어느 것**이 ~이니?

1081

attend
[əténd]

☐ ☐ ☐

ⓥ 출석하다

He *attends* church services on Sundays.
그는 일요일마다 교회 예배에 참석한다.

1082

history
[hístəri]

☐ ☐ ☐

ⓝ 역사

He teaches *history* to us.
그는 우리에게 역사를 가르친다.

1083

terrible
[térəbl]

☐ ☐ ☐

ⓐ 끔찍한, 심한; 무서운

I had a *terrible* cold last week.
나는 지난 주 지독한 감기에 걸렸다.

1084

height
[hait]

☐ ☐ ☐

ⓝ 키; 높이

She's about my *height*.
그녀는 키가 거의 나만하다.

1085

boring
[bɔ́:riŋ]

☐ ☐ ☐

ⓐ 지루한, 따분한

He's such a *boring* person.
그는 무척 따분한 사람이다.

1086

which
[hwitʃ / witʃ]

☐ ☐ ☐

ⓟ 어느 것[쪽], 어느 사람

Which do you like better, apples or oranges?
사과와 오렌지 중에서 어느 쪽을 더 좋아합니까?

Minimal ✶ Phrases

- ☐ a big event — 큰 사건
- ☐ prove conclusively — 확실하게 증명하다
- ☐ a round table — 둥근 탁자
- ☐ put on gloves — 장갑을 끼다
- ☐ handle roughly — 거칠게 다루다
- ☐ draw a picture — 그림을 그리다

1087
event
[ivént]
☐ ☐ ☐

[명] 행사, 사건
The Olympics are a great ***event***.
올림픽은 큰 행사이다.

1088
prove
[pru:v]
☐ ☐ ☐

[동] 증명하다
We can ***prove*** her innocence.
우리는 그녀의 결백을 입증할 수 있다.

1089
round
[raund]
☐ ☐ ☐

[형] 둥근
The earth is ***round***.
지구는 둥글다.

1090
glove
[glʌv]
☐ ☐ ☐

[명] 장갑
I chose ***gloves*** for her.
나는 그녀를 위해 장갑을 골랐다.

1091
roughly
[rʌ́fli]
☐ ☐ ☐

[부] 대충; 거칠게, 마구
They handled him ***roughly***.
그들은 그를 거칠게 대했다.

1092
picture
[píktʃər]
☐ ☐ ☐

[명] 그림; 사진
We took ***pictures*** of animals.
우리는 동물들의 사진을 찍었다.

Minimal ✳ Phrases

☐ **a small theater**	작은 **극장**
☐ **a teacher of science**	**과학** 선생님
☐ **at the same price**	**같은** 가격으로
☐ **a ski-camp**	스키캠프
☐ **free women from house chores**	여성을 **가사**에서 해방하다
☐ **a round plate**	둥근 **접시**

1093

theater
[θíːətər]
☐ ☐ ☐

명 극장, 영화관

Is there a movie *theater* around here?
이 근처에 극장이 있습니까?

1094

science
[sáiəns]
☐ ☐ ☐

명 과학

We study *science* at school.
우리는 학교에서 과학을 공부한다.

1095

same
[seim]
☐ ☐ ☐

형 같은 (반 different)

She wears the *same* clothes every day.
그녀는 매일 같은 옷을 입는다.

1096

camp
[kæmp]
☐ ☐ ☐

명 야영, 캠프

It was a really interesting *camp*.
정말 재미있는 캠프였다.

1097

chore
[tʃɔːr]
☐ ☐ ☐

명 잡일, 허드렛일

She finds shopping a *chore*.
그녀는 쇼핑을 귀찮아 한다.

1098

plate
[pleit]
☐ ☐ ☐

명 접시

He looked at the food on his *plate*.
그는 그의 접시에 있는 음식을 보았다.

196

Minimal ✶ Phrases

- ☐ **reply to a letter** 편지에 **답장을 쓰다**
- ☐ **older than me** 나**보다** 나이가 많다
- ☐ **go to the dentist** **치과**에 가다
- ☐ **hang a coat on the hanger** 옷걸이에 코트를 **걸다**
- ☐ **worry about him** 그에 대해서 **걱정하다**
- ☐ **treat all men alike** 모든 사람을 **차별 없이** 대하다

1099
reply
[ripláí]
☐ ☐ ☐

[동] 대답하다 ([유] answer [반] ask) [명] 답, 대답
She ***replied*** to my letter.
그녀는 내 편지에 답장을 주었다.

1100
than
[ðæn / ðən]
☐ ☐ ☐

[접] ~보다(도)
He is six inches taller ***than*** me.
그는 나보다 키가 6인치 더 크다.

1101
dentist
[déntist]
☐ ☐ ☐

[명] 치과의사 ([유] dental surgeon)
The ***dentist*** pulled my tooth.
치과의사가 내 이를 뽑았다.

1102
hang
[hæŋ]
☐ ☐ ☐

[동] 걸다, 매달다
Hang my coat on the hanger.
옷걸이에 제 코트 좀 걸어 주세요.

1103
worry
[wə́ːri / wʌ́ri]
☐ ☐ ☐

[동] 걱정하다, 걱정시키다
Don't ***worry***.
걱정하지 마라.

1104
alike
[əláik]
☐ ☐ ☐

[부] 마찬가지로, 같게 [형] 서로 같은
No two men think ***alike***.
두 사람의 생각이 같은 경우는 전혀 없다.

47th day

- ☐ wake **up early in the morning**   아침 일찍 잠에서 **깨다**
- ☐ chew **gum**   껌을 **씹다**
- ☐ sing better than **anyone else**   **누구**보다도 노래를 잘 부르다
- ☐ careful **driving**   **조심스러운** 운전
- ☐ get a job **finally**   **마침내** 직장을 구하다
- ☐ shout **my name**   내 이름을 **큰소리로 부르다**

1105
wake
[weik]

☐☐☐

동 잠이 깨다; 깨우다 (반 sleep)

Wake me up at six, please.
여섯 시에 깨워 주십시오.

1106
chew
[tʃuː]

☐☐☐

동 씹다

He began to *chew* on the net.
그는 망을 물어뜯기 시작했다.

1107
anyone
[éniwʌn]

☐☐☐

대 누군가, 누구든지

Is *anyone* absent?
누군가 결석했습니까?

1108
careful
[kéərfəl]

☐☐☐

형 주의 깊은, 조심스러운 (반 careless)

She is very *careful*.
그녀는 매우 주의 깊다.

1109
finally
[fáinəli]

☐☐☐

부 최후에, 마침내

Finally, the game was over.
드디어 경기가 끝났다.

1110
shout
[ʃaut]

☐☐☐

동 외치다, 큰소리로 부르다 (유 cry)

They *shouted* with joy.
그들은 기뻐서 소리를 질렀다.

198

☐ **an expensive** hobby	돈이 많이 드는 **취미**
☐ **an adult** disease	**성인병**
☐ **change** money	**환전**하다
☐ **physical** stress	육체적 **스트레스**
☐ **a pimpled** face	**여드름 난** 얼굴
☐ **mid-term** exams	**중간**고사

1111
hobby
[hábi / hɔ́bi]
☐ ☐ ☐

명 취미

What is your *hobby*?
당신의 취미는 무엇입니까?

1112
adult
[ədʌ́lt / ǽdʌlt]
☐ ☐ ☐

형 성인이 된; 어른의 명 어른

An *adult* can get there in ten minutes on foot.
어른의 발걸음으로 거기까지 10분 걸린다.

1113
money
[mʌ́ni]
☐ ☐ ☐

명 돈

I have no *money*.
나는 돈이 하나도 없다.

1114
stress
[stres]
☐ ☐ ☐

명 압박; 강조; 스트레스

My headache is caused by *stress*.
내 두통은 스트레스 때문이다.

1115
pimple
[pímpl]
☐ ☐ ☐

명 여드름

What causes *pimples*?
무엇이 여드름을 생기게 하니?

1116
mid-term
[míd təːrm]
☐ ☐ ☐

명 형 중간(의)

My *mid-term* exam is only a couple of days away.
중간고사가 겨우 이틀 정도밖에 남지 않았다.

47th day

Minimal * Phrases

- ☐ carrot and stick — **당근**과 채찍
- ☐ onion soup — **양파** 수프
- ☐ the middle of the road — 도로의 **중앙**
- ☐ a couple of apples — 사과 **두** 개
- ☐ a police officer — 경찰**관**
- ☐ the chemical symbol — 화학 **기호**

1117
carrot [kǽrət]
☐ ☐ ☐

[명] 당근
Carrots are good for making salad.
당근은 샐러드를 만들기에 좋다.

1118
onion [ʌ́njən]
☐ ☐ ☐

[명] 양파
The soup tastes of *onion*.
그 수프는 양파 맛이 난다.

1119
middle [mídl]
☐ ☐ ☐

[명] 한가운데, 중앙
There is a large table in the *middle*.
한가운데에 큰 탁자가 있다.

1120
couple [kʌ́pl]
☐ ☐ ☐

[명] 둘; 부부, 연인
They are a newly married *couple*.
그들은 신혼 부부이다.

1121
officer [ɔ́:fisər]
☐ ☐ ☐

[명] 장교; 관리, 공무원
The *officer* returned the private's salute.
장교는 사병의 경례에 답했다.

1122
symbol [símbəl]
☐ ☐ ☐

[명] 상징; 기호
The dove is a *symbol* of peace.
비둘기는 평화의 상징이다.

Minimal ✳ Phrases

☐ **depend** on the weather	날씨에 **달려 있다**
☐ a house **among** the trees	나무들 **사이의** 집
☐ a **shelter** from the rain	비를 **피하는 곳**
☐ climb a **ladder**	**사다리**를 오르다
☐ factory **chimneys**	공장 **굴뚝**
☐ **snakes** bite	**뱀**이 물다

1123

depend
[dipénd]

☐ ☐ ☐

동 ~여하에 달려 있다; ~을 의지하다
I can *depend* on him.
나는 그에게 의지할 수 있다.

1124

among
[əmʌ́ŋ]

☐ ☐ ☐

전 ~중에, 사이에
Mary is the most beautiful girl *among* us.
우리들 중에서 메리가 제일 예쁘다.

1125

shelter
[ʃéltəːr]

☐ ☐ ☐

명 피난처 동 피난하다
He sought *shelter* at my house.
그는 우리집으로 피난해 왔다.

1126

ladder
[lǽdəːr]

☐ ☐ ☐

명 사다리
I climbed up the *ladder* to the roof.
나는 사다리를 타고 지붕에 올라갔다.

1127

chimney
[tʃímni]

☐ ☐ ☐

명 굴뚝
The *chimney* is smoking.
굴뚝에서 연기가 나고 있다.

1128

snake
[sneik]

☐ ☐ ☐

명 뱀
She is very afraid of *snakes*.
그녀는 뱀을 몹시 무서워한다.

48th day

Minimal ★ Phrases

- ☐ a **honey** jar — **꿀**단지
- ☐ the **bottom** of a river — 강**바닥**
- ☐ a **recipe** for a cake — 케이크 **만드는 법**
- ☐ a windshield **wiper** — 차유리 **와이퍼**
- ☐ drink coffee **without** cream — 크림 **없이** 커피를 마시다
- ☐ **instead** of my mother — 어머니 **대신에**

1129
honey [hʌ́ni]
☐ ☐ ☐

[명] (벌)꿀
Honey eases cough.
꿀은 기침에 좋다.

1130
bottom [bátəm / bɔ́təm]
☐ ☐ ☐

[명] 아랫부분, 밑바닥 ([반] top)
Look at the ***bottom*** of page 20.
20페이지의 아랫부분을 보시오.

1131
recipe [résəpìː]
☐ ☐ ☐

[명] 조리법
This is the ***recipe*** for tomato soup.
이것이 토마토 수프 요리법이다.

1132
wiper [wáipəɹ]
☐ ☐ ☐

[명] 닦는 사람[것]
This ***wiper*** is out of order.
이 와이퍼는 고장이다.

1133
without [wið(θ)áut]
☐ ☐ ☐

[전] ~없이, ~하지 않고
We can't live ***without*** water.
우리는 물 없이 살 수 없다.

1134
instead [instéd]
☐ ☐ ☐

[부] 그 대신에
He ate an apple ***instead*** of a banana.
그는 바나나 대신 사과를 먹었다.

Minimal ∗ Phrases

- ☐ **collect stamps** 우표를 **수집하다**
- ☐ **stare at someone** **누군가**를 빤히 쳐다보다
- ☐ **already dark** **이미** 어두워진
- ☐ **a messed-up room** **지저분한** 방
- ☐ **sweep up a room** 방을 **쓸다**
- ☐ **a man of many abilities** **다재다능한** 사람

1135
collect
[kəlékt]
☐ ☐ ☐

[동] 모으다, 수집하다
I *collected* old newspapers to recycle.
나는 지난 신문들을 재활용하기 위해 모았다.

1136
someone
[sʌ́mwʌ̀n]
☐ ☐ ☐

[대] 누군가, 어떤 사람
Someone is knocking on the door.
누군가 문을 두드리고 있다.

1137
already
[ɔːlrédi]
☐ ☐ ☐

[부] 이미, 벌써
The giant was *already* fast asleep.
그 거인은 이미 깊은 잠에 빠져 있었다.

1138
mess
[mes]
☐ ☐ ☐

[명] 혼란; 더러운 것 [동] 더럽히다
The dog is making a *mess* in the grass.
개가 잔디밭을 엉망으로 만들고 있다.

1139
sweep
[swiːp]
☐ ☐ ☐

[동] 쓸다, 비질하다
I'd like to *sweep* the floor.
나는 바닥을 쓸고 싶어.

1140
ability
[əbíləti]
☐ ☐ ☐

[명] 능력; 재능
The task exceeds his *ability*.
그의 능력으로는 그 일을 할 수 없다.

48th day

☐ coughs and sneezes	기침과 **재채기**
☐ marine corps	**해병**대
☐ a traffic accident	**교통**사고
☐ dolphin oil	**돌고래** 유
☐ an e-mail address	전자 우편 **주소**
☐ believe his story	그의 이야기를 **믿다**

1141

sneeze
[sni:z]

☐ ☐ ☐

명 동 재채기(하다)

He let out a loud *sneeze*.
그가 크게 재채기를 했다.

1142

marine
[mərí:n]

☐ ☐ ☐

형 바다의 명 해병대원

I want to be a *marine* biologist some day.
나는 언젠가 해양 생물학자가 되고 싶다.

1143

traffic
[trǽfik]

☐ ☐ ☐

명 교통(량), 통행

The *traffic* lights turned red.
교통 신호등이 빨간색으로 바뀌었다.

1144

dolphin
[dálfin / dɔ́(:)lfin]

☐ ☐ ☐

명 돌고래

Dolphins feed on fish.
돌고래는 물고기를 먹고 산다.

1145

address
[ədrés]

☐ ☐ ☐

명 주소

I know her *address*.
나는 그녀의 주소를 안다.

1146

believe
[bilí:v]

☐ ☐ ☐

동 믿다, 신용하다

I *believe* that he is honest.
나는 그가 정직하다고 믿는다.

Minimal * Phrases

□ a school festival	학교 축제
□ a foreign language	외국어
□ a social security number	주민 등록 번호
□ a member of the family	가족의 한 사람
□ receive a prize	상을 받다
□ a difficult answer	어려운 대답

1147
festival
[féstəvəl]
□ □ □

형 축제(일)
They held a memorial *festival*.
그들은 기념 축제를 열었다.

1148
foreign
[fɔ́(:)rin]
□ □ □

형 외국의
It is fun to learn a *foreign* language.
외국어를 배우는 것은 재미있다.

1149
number
[nʌ́mbər]
□ □ □

명 수, 숫자; 번호
The *number* of pupils is getting larger and larger.
학생의 수는 점점 늘고 있다.

1150
member
[mémbər]
□ □ □

명 회원, 멤버
She became a *member* of the club.
그녀는 그 클럽의 회원이 되었다.

1151
receive
[risíːv]
□ □ □

동 받다 (반 give)
I *received* a letter from my friend.
나는 내 친구에게서 편지를 받았다.

1152
difficult
[dífikʌ̀(ə)lt]
□ □ □

형 곤란한, 힘든, 어려운 (반 easy)
I solved the *difficult* problems.
나는 어려운 문제들을 풀었다.

49th day

Minimal ✱ Phrases

- ☐ senior classes — 상급
- ☐ be certain of winning the game — 시합에서 이기리라고 확신하다
- ☐ light a candle — 초에 불을 붙이다
- ☐ an oyster farm — 굴 양식장
- ☐ a deep valley — 깊숙한 골짜기
- ☐ a token of thanks — 감사의 표시

1153
senior [síːnjər] ☐☐☐

[형] 손위의 [명] 연장자

He is eight years my ***senior***.
그는 나보다 8살 연상이다.

1154
certain [sə́ːrtn] ☐☐☐

[형] 확실한; 어떤, 일정한

A ***certain*** person called on you yesterday.
어떤 사람이 어제 너를 찾아왔다.

1155
candle [kǽndl] ☐☐☐

[명] 양초

She put ten ***candles*** on the birthday cake.
그녀는 생일 케이크 위에 열 개의 초를 꽂았다.

1156
oyster [ɔ́istər] ☐☐☐

[명] 굴

Oysters are the best when in season.
굴은 제철에 가장 맛있다.

1157
valley [vǽli] ☐☐☐

[명] 골짜기, 계곡

I went down to the ***valley***, and crossed the river.
나는 계곡을 내려간 다음 강을 건넜다.

1158
token [tóukən] ☐☐☐

[명] 표; 표시

He gave her a ring as a ***token*** of his love.
그는 사랑의 징표로 그녀에게 반지를 주었다.

Minimal ✳ Phrases

☐ **create confusion**	혼란을 **일으키다**
☐ **a native talent**	**타고난** 재능
☐ **5 billion dollars**	5**십억** 달러
☐ **official duties**	**공무**
☐ **meet at the airport**	**공항**에서 만나다
☐ **publish the news**	소식을 **알리다**

1159

create
[kriéit]

☐ ☐ ☐

휑 창조하다; 야기하다

The air circulation *creates* wind.
공기의 순환은 바람을 일으킨다.

1160

native
[néitiv]

☐ ☐ ☐

휑 타고난, 선천적인; 고향의, 태어난

He returned to his *native* country.
그는 고국으로 돌아갔다.

1161

billion
[bíljən]

☐ ☐ ☐

휑 휑 10억(의)

There are nine zeroes in a *billion*.
10억에는 0이 9개 있다.

1162

official
[əfíʃəl]

☐ ☐ ☐

휑 공적인; 공식의

The President is in Japan for an
official two-day visit. 대통령은 지금 이틀
간의 공식 방문차 일본에 있다.

1163

airport
[éərpɔ̀ːrt]

☐ ☐ ☐

휑 공항, 비행장

Do you know where the *airport* is?
공항이 어디에 있는지 아십니까?

1164

publish
[pʌ́bliʃ]

☐ ☐ ☐

통 발표하다; 출판하다

They *published* the book.
그들은 그 책을 출판했다.

49th day

- ☐ **the reason for his success** 　그의 성공 **이유**
- ☐ **intend to go** 　갈 **생각이다**
- ☐ **a member of society** 　**사회**의 일원
- ☐ **a trained monkey** 　길들인 **원숭이**
- ☐ **wear a uniform** 　**유니폼**을 입다
- ☐ **deliver a package** 　소포를 **배달하다**

1165
reason
[ríːzn]
☐ ☐ ☐

명 이유, 원인, 까닭
She suddenly left without any *reason*.
그녀는 별 이유 없이 갑자기 떠났다.

1166
intend
[inténd]
☐ ☐ ☐

동 ~할 작정이다; 의도하다
I *intend* to go there.
나는 거기 갈 작정이다.

1167
society
[səsáiəti]
☐ ☐ ☐

명 사회; 협회, 회
The *society* was set up in 2000.
그 협회는 2000년에 설립되었다.

1168
monkey
[máŋki]
☐ ☐ ☐

명 원숭이
Monkeys climb trees well.
원숭이는 나무에 잘 오른다.

1169
uniform
[júːnəfɔːrm]
☐ ☐ ☐

명 제복, 유니폼
Wear your *uniforms* in school.
학교에서는 교복을 입어라.

1170
deliver
[dilívər]
☐ ☐ ☐

동 배달하다
The letter was *delivered* at the wrong address.
그 편지는 엉뚱한 주소로 배달되었다.

☐ the **Dialogs** of Plato 플라톤의 **대화편**
☐ everyone **except** one 한 사람만 **제외하고** 모두
☐ a **popular** novel **대중적인** 소설
☐ antique **furniture** 골동품 **가구**
☐ cook in the **kitchen** **부엌**에서 요리하다
☐ stick a **stamp** **우표**를 붙이다

1171
dialog
[dáiəlɔ̀:g]
☐ ☐ ☐

명 동 대화(하다)
The novel's *dialog* is very funny.
그 소설의 대화는 아주 재미있다.

1172
except
[iksépt]
☐ ☐ ☐

전 ~을 제외하고는, ~이외는
We go to school every day *except* Sunday.
우리는 일요일을 빼고는 매일 학교에 간다.

1173
popular
[pá(ɔ́)pjə(u)lər]
☐ ☐ ☐

형 인기 있는; 대중적인
Tom is *popular* with children.
탐은 아이들에게 인기가 있다.

1174
furniture
[fɔ́:rnitʃər]
☐ ☐ ☐

명 가구
I like modern-style *furniture*.
나는 현대적인 가구를 좋아한다.

1175
kitchen
[kítʃən]
☐ ☐ ☐

명 부엌
Mother cooks in the *kitchen*.
어머니께서는 부엌에서 요리를 하신다.

1176
stamp
[stæmp]
☐ ☐ ☐

명 우표
I am collecting *stamps*.
나는 우표를 수집하고 있다.

50th day

☐ recycle newspapers	신문지를 **재활용하다**
☐ a general hospital	종합 **병원**
☐ a fountain of wisdom	**지혜**의 샘
☐ emperor worship	**황제** 숭배
☐ the capital of Korea	한국의 **수도**
☐ imagine the scene clearly	그 장면을 선명하게 **상상하다**

1177

recycle
[rìːsáikl]

☐ ☐ ☐

(통) 재활용하다, ~을 재생 이용하다
We should *recycle* used things.
우리는 중고품들을 재활용해야 한다.

1178

hospital
[há(ɔ́)spitl]

☐ ☐ ☐

(명) 병원
Mom took me to the *hospital*.
엄마는 나를 데리고 병원에 갔다.

1179

wisdom
[wízdəm]

☐ ☐ ☐

(명) 현명, 지혜
I think *wisdom* is the most important to a king.
나는 지혜가 왕에게 가장 중요하다고 생각해.

1180

emperor
[émpərər]

☐ ☐ ☐

(명) 황제
He was a Roman *Emperor*.
그는 로마 황제였다.

1181

capital
[kǽpətl]

☐ ☐ ☐

(명) 수도
London is the *capital* of England.
런던은 영국의 수도이다.

1182

imagine
[imǽdʒin]

☐ ☐ ☐

(통) 상상하다, ~라고 생각하다
I can't *imagine* who said such a thing.
그런 말을 누가 했는지 상상할 수 없다.

210

Minimal ✶ Phrases

□ a **diligent** student	**성실한** 학생
□ **remove** furniture	이삿짐을 **운반하다**
□ **prepare** for a trip	여행 **준비를 하다**
□ play **outside**	**밖에서** 놀다
□ **several** fish	**몇 마리의** 물고기
□ wash a **radish**	**무**를 씻다

1183
diligent [díləd͡ʒənt] □ □ □

[형] 근면한 ([부] lazy)
He is more ***diligent*** than his brother.
그는 그의 동생보다 더 근면하다.

1184
remove [rimúːv] □ □ □

[동] 제거하다; 옮기다
Could you see if you can ***remove*** it?
그것을 제거해 주실 수 있는지 봐주시겠어요?

1185
prepare [pripέər] □ □ □

[동] 준비하다; (식사 등을) 만들다
Mother is ***preparing*** breakfast in the kitchen.
어머니가 부엌에서 아침밥을 짓고 계시다.

1186
outside [àutsáid] □ □ □

[부] 바깥에 ([반] inside) [전] ~의 밖에
It's quite dark ***outside***.
바깥은 꽤 어둡다.

1187
several [sévərəl] □ □ □

[형] 몇 개의, 여럿의
He has ***several*** shirts.
그는 몇 벌의 셔츠가 있다.

1188
radish [rǽdiʃ] □ □ □

[명] 무
The rabbit is eating a ***radish***.
토끼가 무를 먹고 있다.

50th day

Minimal ✱ Phrases

- ☐ a good harvest — 풍작
- ☐ salted cabbage — 절인 배추
- ☐ improve my English — 영어를 향상시키다
- ☐ material civilization — 물질문명
- ☐ tomorrow evening — 내일 저녁
- ☐ roast a turkey — 칠면조를 굽다

1189
harvest
[hɑ́ːrvist]
☐ ☐ ☐

[명] 수확, 거두어들임 [동] 수확하다
Autumn is the ***harvest*** season.
가을은 추수의 계절이다.

1190
cabbage
[kǽbidʒ]
☐ ☐ ☐

[명] 양배추
I like a ***cabbage***.
나는 양배추를 좋아한다.

1191
improve
[imprúːv]
☐ ☐ ☐

[동] 개량[개선]하다; 나아지다
You must ***improve*** your reading.
너는 읽는 법을 개선해야 한다.

1192
material
[mətíəriəl]
☐ ☐ ☐

[명] 재료 [형] 물질의
This house is built of good ***materials***.
이 집은 좋은 재료를 썼다.

1193
tomorrow
[təmɔ́rəu]
☐ ☐ ☐

[명] 내일 [부] 내일(은)
I am going to leave ***tomorrow***.
나는 내일 떠날 것이다.

1194
turkey
[tə́ːrki]
☐ ☐ ☐

[명] 칠면조
A female ***turkey*** is a hen.
암컷 칠면조는 hen이라고 한다.

Minimal * Phrases

- □ play soccer — 축구를 하다
- □ protect a child — 아이를 보호하다
- □ leave anytime — 아무 때나 떠나다
- □ a curious sight — 기이한 광경
- □ be almost ready — 거의 준비가 되다
- □ stretch out one's arm — 팔을 뻗다

1195
soccer
[sákəːr / sɔ́kəːr]
□ □ □

[명] 축구 ([유] football)
Soccer first started in England.
축구는 영국에서 최초로 시작되었다.

1196
protect
[prətékt]
□ □ □

[동] 지키다, 보호하다
She wore sunglasses to *protect* her eyes from the sun. 그녀는 햇빛으로부터 그녀의 눈을 보호하기 위해 선글라스를 썼다.

1197
anytime
[énitàim]
□ □ □

[부] 언제든지
Please call on me *anytime*.
언제든지 방문해 주십시오.

1198
curious
[kjúəriəs]
□ □ □

[형] 호기심 있는; 진기한
He is *curious* about everything.
그는 모든 것에 호기심이 있다.

1199
almost
[ɔ́ːlmoust]
□ □ □

[부] 거의, 대부분
It's *almost* time for the train to leave.
기차가 거의 출발할 시간이다.

1200
stretch
[stretʃ]
□ □ □

[동] 퍼지다, 뻗치다 [명] 뻗침, 연속
The player *stretched* out his arms to catch the ball.
그 선수는 공을 잡으려고 팔을 뻗쳤다.

51st day

- ☐ a 5-day tour of Korea — 5일간의 한국 여행
- ☐ a man of honesty — 정직한 사람
- ☐ a seaside villa — 해변의 별장
- ☐ respect my parents — 부모님을 존경하다
- ☐ look out of the window — 창밖을 내다 보다
- ☐ a letter envelope — 편지 봉투

1201
tour
[túər]
☐ ☐ ☐

명 여행 동 여행하다

She went on a *tour* to France.
그녀는 프랑스로 관광을 갔다.

1202
honesty
[ánisti]
☐ ☐ ☐

명 정직

His *honesty* was proved.
그의 정직함이 증명되었다.

1203
seaside
[síːsàid]
☐ ☐ ☐

명 형 해안(의) (유 seashore)

The *seaside* was full of people.
해변은 사람들로 만원이었다.

1204
respect
[rispékt]
☐ ☐ ☐

동 존경하다; 존중하다

Our teacher is *respected* by every pupil.
우리 선생님은 모든 학생의 존경을 받고 있다.

1205
window
[wíndou]
☐ ☐ ☐

명 창문, 창

He opened the *window*.
그는 창문을 열었다.

1206
envelope
[énvəlòup]
☐ ☐ ☐

명 봉투

May I have the stamps on this *envelope*?
이 봉투에 붙은 우표를 가져도 됩니까?

Minimal ✽ Phrases

☐ a jealous husband	**질투심 많은** 남편
☐ greedy **for money and power**	돈과 권력을 **탐하는**
☐ a membership card	**회원증**
☐ a car accident	자동차 **사고**
☐ Thank you anyway	**어쨌든** 감사합니다.
☐ lung cancer	**폐암**

1207

jealous
[dʒéləs]

☐☐☐

형 샘[질투] 많은

He is *jealous* of my success.
그는 나의 성공을 질투하고 있다.

1208

greedy
[gríːdi]

☐☐☐

형 욕심 많은, 탐욕스러운

He is *greedy* for money and power.
그는 돈과 권력에 탐욕을 부린다.

1209

membership
[mémbərʃip]

☐☐☐

명 회원임; 회원권

Membership costs $10 per year.
회비는 1년에 10달러이다.

1210

accident
[æksidənt]

☐☐☐

명 사고, 뜻밖의 일

When did the *accident* occur?
그 사고는 언제 발생했습니까?

1211

anyway
[éniwèi]

☐☐☐

부 아무튼

The water was cold but I had a bath *anyway*.
물이 차가웠지만 그래도 나는 목욕을 했다.

1212

cancer
[kǽnsər]

☐☐☐

명 암

He died of lung *cancer*.
그는 폐암으로 사망했다.

□ a female student	여학생
□ an awful shame	엄청난 수치
□ a painful experience	고통스러운 경험
□ a recent event	최근의 행사
□ a singing princess	노래하는 공주
□ a term of license	면허 기간

1213

female
[fíːmeil]

□ □ □

명 형 여성(의) (반 male)
I've never seen a *female* fire fighter before.
나는 여자 소방관을 본 적이 없다.

1214

shame
[ʃeim]

□ □ □

명 부끄러움; 치욕 통 창피 주다
Her face burned with *shame*.
그녀는 창피해서 얼굴이 벌개졌다.

1215

painful
[péinfəl]

□ □ □

형 아픈
My ankle is *painful*.
내 발목이 아프다.

1216

recent
[ríːsənt]

□ □ □

형 최근의
He is not interested in *recent* news.
그는 최근 뉴스에 관심이 없다.

1217

princess
[prínses]

□ □ □

명 공주
The prince rescued the *princess*.
왕자는 공주를 구했다.

1218

license
[láisəns]

□ □ □

명 면허
I got a driver's *license* when I was 18.
나는 18살 때 운전면허증을 땄다.

☐ **put a car into a garage**	자동차를 **차고**에 넣다
☐ **forgive one's enemies**	적을 **용서하다**
☐ **a black shadow**	검은 **그림자**
☐ **an impolite word**	**무례한** 말
☐ **an unclear explanation**	**모호한** 설명
☐ **canvas bags**	**캔버스 천**으로 된 가방

1219
garage
[gərá:ʒ / gərá:dʒ]
☐ ☐ ☐

명 (자동차) 차고

The car is in the *garage*.
그 차는 차고에 있다.

1220
forgive
[fəːrgív]
☐ ☐ ☐

동 용서하다 (유 pardon)

Please *forgive* me.
나를 용서해 줘.

1221
shadow
[ʃǽdou]
☐ ☐ ☐

명 그림자

Our *shadows* are on the wall.
우리들의 그림자가 벽에 비치고 있다.

1222
impolite
[ìmpəláit]
☐ ☐ ☐

형 무례한 (유 ill-mannered)

It is *impolite* of you to ignore his invitation.
네가 그의 초대를 무시하는 것은 실례가 된다.

1223
unclear
[ʌnklíər]
☐ ☐ ☐

형 불분명한, 모호한

The meaning of his message was *unclear*.
그의 메시지의 의미는 불명확했다.

1224
canvas
[kǽnvəs]
☐ ☐ ☐

명 캔버스

He was painting on a *canvas*.
그는 캔버스에 그림을 그리고 있었다.

52nd day

- □ a quiet village — 조용한 **마을**
- □ an advertising agency — 광고 **대행사**
- □ a railway engineer — **철도** 기사
- □ declare a state of emergency — 긴급 사태를 **선언하다**
- □ endure toothache — 치통을 **참다**
- □ ideas that interact — **상호 교류**하는 생각

1225

village
[vílidʒ]
□ □ □

명 마을

I was born in a small *village*.
나는 작은 마을에서 태어났다.

1226

agency
[éidʒənsi]
□ □ □

명 대행사

He runs an advertising *agency*.
그는 광고 회사를 운영한다.

1227

railway
[réilwèi]
□ □ □

명 형 〈영〉 철도(의) (〈미〉 railroad)

He stood on the *railway* platform.
그는 기차 승강장에 서 있었다.

1228

declare
[dikléər]
□ □ □

동 선언[발표]하다

He *declared* that he would do it.
그는 자기가 그 일을 하겠다고 선언했다.

1229

endure
[indjúər]
□ □ □

동 참다; 견디다

I can't *endure* it any more.
나는 더 이상 그것을 참을 수 없다.

1230

interact
[ìntərǽkt]
□ □ □

동 상호작용하다

All systems won't *interact* as planned.
모든 시스템이 계획대로 상호작용하지 않을
것이다.

Minimal * Phrases

- □ **the question under debate** 논쟁 중인 문제
- □ **the current situation** 현재 상황
- □ **run through the field** 들판을 가로질러 달리다
- □ **an anxious look** 걱정스러운 얼굴
- □ **manage the child** 아이를 잘 다루다
- □ **a mother tongue** 모국어

1231
debate
[dibéit]
□ □ □

[명] [동] 토론[논쟁](하다)
The ***debate*** was about how to keep pets.
토론은 애완동물을 키우는 방법에 관한 것이었다.

1232
current
[kə́:rənt / kʌ́rənt]
□ □ □

[형] 지금의; 현행의 [명] 흐름
She is interested in ***current*** topics.
그녀는 시사 문제에 관심이 있다.

1233
through
[θru:]
□ □ □

[전] ~을 통해서, ~을 지나서
Water flows ***through*** this pipe.
물은 이 관을 통해 흐른다.

1234
anxious
[ǽŋkʃəs]
□ □ □

[형] 걱정하는; 열망하여
I'm ***anxious*** about his health.
그의 건강이 걱정스럽다.

1235
manage
[mǽnidʒ]
□ □ □

[동] 이럭저럭 해내다; 경영하다; 다루다
([유] handle)
He has ***managed*** a hotel for 10 years.
그는 십년 간 호텔을 경영했다.

1236
tongue
[tʌŋ]
□ □ □

[명] 혀; 언어
She greeted us in a strange ***tongue***.
그녀는 우리에게 이상한 언어로 인사를 했다.

52nd day

Minimal ✳ Phrases

- ☐ **the hockey season** 하키 **시즌**
- ☐ **a missile attack** 미사일 **공격**
- ☐ **martial arts** **무술**
- ☐ **an enemy of freedom** 자유의 **적**
- ☐ **a fashion sense** **패션** 감각
- ☐ **a distant cousin** 먼 **친척**

1237
season
[síːzn]
☐ ☐ ☐

[명] 계절
There are four ***seasons*** in a year.
일 년에 사계절이 있다.

1238
attack
[ətǽk]
☐ ☐ ☐

[명] [동] 공격(하다)
They made a fierce ***attack***.
그들은 격렬한 공격을 했다.

1239
martial
[máːrʃəl]
☐ ☐ ☐

[형] 전쟁의, 무술의
Taekwondo is one of oriental ***martial*** arts.
태권도는 동양 무술 중 하나이다.

1240
enemy
[énəmi]
☐ ☐ ☐

[명] 적, 원수
He is my worst ***enemy***.
그는 나의 가장 나쁜 적이다.

1241
fashion
[fǽʃən]
☐ ☐ ☐

[명] 패션, 유행 ([유] vogue)
Mini skirts are in ***fashion***.
미니스커트가 유행중이다.

1242
cousin
[kʌ́zn]
☐ ☐ ☐

[명] 사촌
My ***cousin*** swims well.
내 사촌은 수영을 잘한다.

Minimal ✱ Phrases

☐ **bodily illness**	육체적인 **병**
☐ **inherit an estate**	토지를 **상속하다**
☐ **sail the Pacific**	**태평양**을 항해하다
☐ **a public bath**	**공중**목욕탕
☐ **ancient civilization**	**고대** 문명
☐ **come inside**	**안으로** 들어오다

1243

illness
[ílnis]

☐ ☐ ☐

몡 병 (빤 health)
His *illness* is serious.
그의 병은 심각하다.

1244

inherit
[inhérit]

☐ ☐ ☐

용 상속하다
She *inherited* the property from her uncle.
그녀는 삼촌의 재산을 상속했다.

1245

Pacific
[pəsífik]

☐ ☐ ☐

몡 태평양
The *Pacific* is bigger than the continent of Asia.
태평양은 아시아 대륙보다 더 크다.

1246

public
[pʌ́blik]

☐ ☐ ☐

혱 공중의, 공공의 몡 공중; 대중
The old palace is open to the *public*.
그 고궁은 대중에게 개방되어 있다.

1247

ancient
[éinʃənt]

☐ ☐ ☐

혱 옛날의, 고대의 (빤 modern)
He enjoys reading *ancient* Korean history.
그는 고대 한국의 역사를 읽는 것을 좋아한다.

1248

inside
[ìnsáid]

☐ ☐ ☐

閈 내부에[로], 안쪽에[으로] 젠 ~의 안쪽에
The ducks were put *inside* the fence.
오리가 울타리 안에 넣어졌다.

221

53rd day

☐ a comfortable position	편안한 자세
☐ satisfy one's hunger	허기를 채우다
☐ a food market	식료품 시장
☐ a large amount of sugar	다량의 설탕
☐ the first chapter	제1장
☐ discuss the world situation	세계정세를 논하다

1249
position
[pəzíʃən]
☐ ☐ ☐

몡 위치; 입장; 자세
This is an important *position*.
이 자리는 중요한 자리이다.

1250
satisfy
[sǽtisfai]
☐ ☐ ☐

동 만족시키다
The meal *satisfied* him.
그는 그 식사에 만족했다.

1251
market
[máːrkit]
☐ ☐ ☐

몡 시장
Corn is available in the *market*.
옥수수는 시장에서 살 수 있다.

1252
amount
[əmáunt]
☐ ☐ ☐

동 (총계·금액이) ～이 되다, ～에 달하다
몡 금액; 양
There was a large *amount* of
information. 많은 양의 정보가 있었다.

1253
chapter
[tʃǽptər]
☐ ☐ ☐

몡 (책·논문 등의) 장
This book consists of 14 *chapters*.
이 책은 14장으로 이루어져 있다.

1254
discuss
[diskʌ́s]
☐ ☐ ☐

동 토론[논의]하다 (⊛ debate)
Newspapers *discuss* the topics of the
day.
신문들은 당일의 화제들에 대해 논한다.

Minimal ∗ Phrases

☐ whether **it rains or not**	비가 **오건 안 오건**
☐ contain **vitamin**	비타민을 **함유하다**
☐ physical **contact**	신체 **접촉**
☐ a definite **answer**	**확답**
☐ a total **stranger**	전혀 **모르는 사람**
☐ a wooden **hammer**	**나무**망치

1255

whether
[(h)wéðər]

☐ ☐ ☐

접 ~인지 아닌지; ~이건 아니건

I don't know *whether* it's true or not.
나는 그것이 사실인지 아닌지 모르겠다.

1256

contain
[kəntéin]

☐ ☐ ☐

동 포함하다

It *contains* no maps.
그것은 지도들을 포함하지 않는다.

1257

contact
[ká(ɔ́)ntækt]

☐ ☐ ☐

명 접촉; 연락 동 접촉시키다

He made *contact* with them.
그는 그들과 연락을 했다.

1258

definite
[défənit]

☐ ☐ ☐

형 뚜렷한; 한정된

The laws have had a *definite* effect.
그 법률은 분명한 효과를 가져왔다.

1259

stranger
[stréindʒər]

☐ ☐ ☐

명 낯선[모르는] 사람

I found a *stranger* standing at the gate. 나는 문 앞에 낯선 사람이 한 사람 서 있는 것을 보았다.

1260

wooden
[wúdn]

☐ ☐ ☐

형 나무의

We live in a *wooden* house.
우리는 목조 가옥에서 산다.

53rd day

Minimal * Phrases

□ stop suddenly	갑자기 멈추다
□ breathe fresh air	신선한 공기를 들이마시다
□ a religious viewpoint	종교적 견해
□ a great musician	위대한 음악가
□ a college student	대학생
□ a comic genius	코미디 천재

1261
suddenly
[sʌ́dnli]
□ □ □

[부] 갑자기, 돌연
Suddenly she screamed.
갑자기 그녀는 소리쳤다.

1262
breathe
[briːð]
□ □ □

[동] 호흡하다
We can ***breathe*** fresh air in the country.
시골에서는 신선한 공기를 호흡할 수 있다.

1263
viewpoint
[vjúːpɔ̀int]
□ □ □

[명] 견해; 관점
There is a wide gap between the ***viewpoints*** of the two.
두 사람의 견해에는 큰 차이가 있다.

1264
musician
[mjuːzíʃən]
□ □ □

[명] 음악가
He is a famous ***musician***.
그는 유명한 음악가이다.

1265
college
[kálidʒ]
□ □ □

[명] (단과)대학 (university [명] 종합대학)
My brother goes to ***college***.
나의 형은 대학에 다닌다.

1266
genius
[ʤíːnjəs]
□ □ □

[명] 천재
Einstein was a ***genius***.
아인슈타인은 천재였다.

Minimal ✱ Phrases

- ☐ an unfriendly **waitress** — 불친절한 **웨이트리스**
- ☐ give a **response** — **대답**하다
- ☐ I think, **therefore** I exist. — 나는 생각한다, **고로** 나는 존재한다.
- ☐ learn a foreign **language** — 외국**어**를 배우다
- ☐ fly like a **butterfly** — **나비**처럼 날다
- ☐ a world **championship** — 세계 **선수권**

1267
waitress [wéitris]
☐ ☐ ☐

명 웨이트리스, 여급
The *waitress* served the salad.
여종업원은 샐러드를 내왔다.

1268
response [rispá(ɔ́)ns]
☐ ☐ ☐

명 응답, 대답 (유 answer, reply)
She made no *response*.
그녀는 응답이 없었다.

1269
therefore [ðέəːrfɔ̀ːr]
☐ ☐ ☐

부 그런 까닭에, 따라서
I was ill, *therefore* I could not go.
나는 아파서 갈 수 없었다.

1270
language [lǽŋgwidʒ]
☐ ☐ ☐

명 언어, 말
English is an international *language*.
영어는 국제어이다.

1271
butterfly [bʌ́tərflài]
☐ ☐ ☐

명 나비
Butterflies are flying around the flower.
나비들이 꽃 주위를 날고 있다.

1272
championship [tʃǽmpiənʃip]
☐ ☐ ☐

명 선수권, 우승
He won the *championship*.
그는 우승했다.

54th day

Minimal ✶ Phrases

□ multiply five by ten	5에 10을 **곱하다**
□ learn how to add and subtract	덧셈과 **뺄셈**을 배우다
□ a journey into the country	시골 **여행**
□ great success	대**성공**
□ continue the story	이야기를 **계속하다**
□ suppose he will come	그가 올 것이**라고 생각하다**

1273
multiply
[mʌ́ltəplài]
□ □ □

[동] 번식하다; 곱하다
Rats ***multiply*** rapidly.
쥐는 빨리 번식한다.

1274
subtract
[səbtrǽkt]
□ □ □

[동] 빼다
Subtract eight from thirteen.
13에서 8을 빼라.

1275
journey
[dʒə́ːrni]
□ □ □

[명] [동] 여행(하다) ([유] trip)
They continued their ***journey***.
그들은 여행을 계속했다.

1276
success
[səksés]
□ □ □

[명] 성공
He is sure of ***success***.
그는 자신의 성공을 확신한다.

1277
continue
[kəntínjuː]
□ □ □

[동] 계속하다, 연속하다 ([반] stop)
The rain ***continued*** all day.
비는 종일 계속해서 내렸다.

1278
suppose
[səpóuz]
□ □ □

[동] 추측하다, ~라고 생각하다 ([유] guess)
Let's ***suppose*** he is right.
그가 옳다고 가정하자.

Minimal ✴ Phrases

☐ a fashion **column**	패션 **칼럼**
☐ classical **music**	**클래식** 음악
☐ peel a **cucumber**	**오이** 껍질을 벗기다
☐ deliver a **package**	**소포**를 배달하다
☐ a good **memory**	좋은 **기억**
☐ study at **university**	**대학**에서 공부하다

1279

column
[kάləm / kɔ́ləm]

☐ ☐ ☐

몧 기둥; 칼럼

The *column* was made of white marble.
그 기둥은 흰 대리석으로 만들었다.

1280

classical
[klǽsikəl]

☐ ☐ ☐

몧 고전의, 고전파의

He is a *classical* dancer.
그는 고전 무용수다.

1281

cucumber
[kjú:kəmbər]

☐ ☐ ☐

몧 오이

She pickled *cucumber* in vinegar.
그녀는 오이를 식초에 절였다.

1282

package
[pǽkidʒ]

☐ ☐ ☐

몧 소포, 꾸러미

He undid the *package*.
그는 포장을 다시 풀었다.

1283

memory
[méməri]

☐ ☐ ☐

몧 기억(력); 추억

She has a bad *memory*.
그녀는 기억력이 나쁘다.

1284

university
[jù:nəvə́:rsəti]

☐ ☐ ☐

몧 (종합) 대학교

My brother goes to the *university*.
나의 오빠는 대학에 다닌다.

54th day

Minimal * Phrases

☐ above average	**평균** 이상으로
☐ observe rules	규칙을 **지키다**
☐ a vegetable diet	**채**식
☐ possible solutions	**가능한** 해결책
☐ purpose of the visit	방문 **목적**
☐ discover an island	섬을 **발견하다**

1285

average
[ǽvəridʒ]
☐ ☐ ☐

명 형 평균(의)

She's about *average* height.
그녀는 키가 보통이다.

1286

observe
[əbzə́ːrv]
☐ ☐ ☐

동 관찰하다; 지키다

You must *observe* the rules.
규칙을 지켜야 한다.

1287

vegetable
[védʒətəbəl]
☐ ☐ ☐

명 야채, 채소

These are fresh *vegetables*.
이것들은 신선한 채소이다.

1288

possible
[pásəbl / pɔ́səbl]
☐ ☐ ☐

형 가능한 (반 impossible)

It is *possible* to reach the top of the mountain.
그 산꼭대기에 도달하는 것은 가능하다.

1289

purpose
[pə́ːrpəs]
☐ ☐ ☐

명 목적, 의도

What is the *purpose* of studying English?
영어를 공부하는 목적은 무엇입니까?

1290

discover
[diskÁvər]
☐ ☐ ☐

동 발견하다, 알게 되다

Columbus *discovered* America.
콜럼버스는 아메리카를 발견했다.

228

Minimal ✴ Phrases

- **a deadly weapon** — 흉기
- **an unhappy death** — 불행한 죽음
- **use chopsticks** — 젓가락을 사용하다
- **an impressive scene** — 감동적인 광경
- **be ashamed of being poor** — 가난을 부끄러워하다
- **a personal opinion** — 개인적인 의견

1291
weapon
[wépən]

명 무기
It is a *weapon* which is used to attack tanks.
그것은 탱크를 공격하는 데 사용되는 무기이다.

1292
unhappy
[ʌnhǽpi]

형 불행한, 슬픈 (반 happy)
She looked *unhappy*.
그녀는 불행해 보였다.

1293
chopstick
[tʃápstìk]

명 젓가락
He didn't know how to use *chopsticks*.
그는 젓가락 사용법을 몰랐다.

1294
impressive
[imprésiv]

형 강한 인상을 주는, 감동적인
The movie was very *impressive*.
그 영화는 매우 인상적이었다.

1295
ashamed
[əʃéimd]

형 부끄러워하는
I was *ashamed* of my deed.
나는 나의 행동이 부끄러웠다.

1296
personal
[pə́ːrsənəl]

형 개인의, 개인적인
It's for my *personal* use.
그것은 내 개인용 물건이다.

55th day

Minimal ✶ Phrases

□ usable office space	사무실로 사용 가능한 공간
□ the generation of electricity	전기의 발생
□ wash hands in the bathroom	욕실에서 손을 씻다
□ ask a question	질문하다
□ a sensitive ear	예민한 귀
□ a strange sound	이상한 소리

1297
usable [jú:zəbəl]
□ □ □

[형] 쓸 수 있는
As a result, junk yards are filled with still-***usable*** items. 결과적으로, 쓰레기장은 사용 가능한 물품으로 가득 차 있다.

1298
electricity [ilèktrísəti]
□ □ □

[명] 전기
The ***electricity*** has gone off.
전기가 나갔다.

1299
bathroom [bǽ(á)θrù(:)m]
□ □ □

[명] 욕실; (집의) 화장실
Where is the ***bathroom***?
화장실은 어디에 있습니까?

1300
question [kwéstʃən]
□ □ □

[명] 질문, 문제 ([반] answer)
Do you have any ***questions***?
질문 있습니까?

1301
sensitive [sénsətiv]
□ □ □

[형] 민감한, 예민한
The eye is ***sensitive*** to light.
눈은 빛에 민감하다.

1302
strange [streindʒ]
□ □ □

[형] 이상한; 낯선
Her manner is very ***strange***.
그녀의 태도는 아주 이상하다.

Minimal ✱ Phrases

- ☐ cross a **stream** 내를 건너다
- ☐ hard **exercise** 심한 연습
- ☐ **spend** a lot of money on books 책 사는 데 많은 돈을 쓰다
- ☐ till **lately** 최근까지
- ☐ **refresh** one's memory 기억을 되살리다
- ☐ **develop** muscles 근육을 발달시키다

1303

stream
[striːm]
☐ ☐ ☐

[명] 흐름, 내 [동] 흐르다
We went to the ***stream*** to catch fish.
우리는 고기를 잡으러 개울에 갔다.

1304

exercise
[éksərsàiz]
☐ ☐ ☐

[명] 운동; 연습, 연습문제
Swimming is good ***exercise***.
수영은 좋은 운동이다.

1305

spend
[spend]
☐ ☐ ☐

[동] 쓰다, 소비하다
I ***spent*** ten dollars at the store.
나는 그 가게에서 10달러를 썼다.

1306

lately
[léitli]
☐ ☐ ☐

[부] 요즈음, 최근에
I haven't seen Jane ***lately***.
난 최근에 제인을 못 봤다.

1307

refresh
[rifréʃ]
☐ ☐ ☐

[동] 상쾌하게 하다; 새롭게 하다
The long sleep ***refreshed*** her.
오래 자고 나자 그녀는 기분이 상쾌해졌다.

1308

develop
[divéləp]
☐ ☐ ☐

[동] 발달하다[시키다]; (사진을) 현상하다
He ***developed*** his mind and body.
그는 심신을 발달시켰다.

55th day

Minimal ✳ Phrases

- ☐ **provide a topic for discussion** 토론의 주제를 **제공하다**
- ☐ **say the alphabet backward** **알파벳**을 거꾸로 말하다
- ☐ **operate machinery** 기계를 **작동하다**
- ☐ **attempt a rescue** **구출**을 시도하다
- ☐ **five minutes to three** 3시 5**분** 전
- ☐ **a cable channel** 케이블 **채널**

1309
provide
[prəváid]
☐ ☐ ☐

[동] 주다, 공급하다
Bees ***provide*** honey.
꿀벌들은 우리에게 꿀을 준다.

1310
alphabet
[ǽlfəbèt]
☐ ☐ ☐

[명] 알파벳
There are twenty-six letters in the English ***alphabet***.
영어 알파벳에는 26자가 있다.

1311
operate
[ápərèit / ɔ́pərèit]
☐ ☐ ☐

[동] 작동하다; 수술하다
The doctor ***operated*** on my stomach.
의사는 내 위를 수술했다.

1312
rescue
[réskjuː]
☐ ☐ ☐

[동] 구조하다 [명] [형] 구조(의), 구출(의)
They went to her ***rescue***.
그들은 그녀를 구조하려고 갔다.

1313
minute
[mínit]
☐ ☐ ☐

[명] 분; 잠깐
One ***minute*** is sixty seconds.
1분은 60초이다.

1314
channel
[tʃǽnl]
☐ ☐ ☐

[명] 해협; 채널
To cross the English ***Channel***, you have to fly or sail. 영국해협을 건너기 위해서는 비행기나 배를 타야 한다.

Minimal ✳ Phrases

☐ **frighten a cat away**	고양이를 **놀라게 하여** 쫓다
☐ **healthy attitudes**	건전한 **태도**
☐ **not actually**	**사실은** 아니다
☐ **usually get up at six**	**보통** 6시에 일어나다
☐ **all charges included**	모든 요금을 **포함하여**
☐ **a great scientist**	위대한 **과학자**

1315
frighten [fráitn]
☐ ☐ ☐

[동] 놀라게 하다, 무섭게 하다 ([유] scare)
I ***frightened*** her in the dark.
나는 어둠 속에서 그녀를 놀라게 했다.

1316
attitude [ǽtitjùːd]
☐ ☐ ☐

[명] (사람·물건 등에 대한) 태도
I don't like his ***attitude*** toward my husband. 나는 나의 남편에 대한 그의 태도가 마음에 들지 않는다.

1317
actually [ǽktʃuəli]
☐ ☐ ☐

[부] 현실로, 실제로
Actually she taught me Korean last year. 사실 그분은 작년에 저에게 국어를 가르치셨습니다.

1318
usually [júːʒuəli]
☐ ☐ ☐

[부] 보통, 흔히
He ***usually*** eats bread for breakfast.
그는 아침식사로 흔히 빵을 먹는다.

1319
include [inklúːd]
☐ ☐ ☐

[동] 포함하다, 넣다
The class ***includes*** several foreign students.
그 학급은 몇몇의 외국인 학생을 포함하고 있다.

1320
scientist [sáiəntist]
☐ ☐ ☐

[명] 과학자
I want to be a ***scientist***.
나는 과학자가 되고 싶다.

56th day

Minimal ✶ Phrases

- ☐ a negative **sentence** — 부정**문**
- ☐ a **delicious** apple — **맛있는** 사과
- ☐ a **pound** of sugar — 1**파운드** 설탕
- ☐ red **pepper** — 붉은 **고추**
- ☐ a **showcase** for his talents — 그의 재능을 보여줄 **무대**
- ☐ a plastic **container** — 플라스틱 **용기**

1321
sentence
[séntəns]
☐ ☐ ☐

[명] 문장; 문(文)
Read the ***sentence***, please.
그 문장을 읽어 주세요.

1322
delicious
[dilíʃəs]
☐ ☐ ☐

[형] 맛있는, 맛좋은
Mother cooked ***delicious*** food.
어머니는 맛있는 음식을 요리하셨다.

1323
pound
[paund]
☐ ☐ ☐

[명] 파운드 〈무게 단위 – 약 454그램; 영국의 화폐 단위〉
I have two ***pounds*** in my purse.
내 지갑에 2파운드 들어 있다.

1324
pepper
[pépər]
☐ ☐ ☐

[명] 후추; 고추
Pepper makes food hot.
후추는 음식에 매운 맛을 낸다.

1325
showcase
[ʃóukeis]
☐ ☐ ☐

[명] 진열장; 시험 무대
The clerk led me to the ***showcase*** with the diamonds in it. 점원은 다이아몬드가 있는 진열장으로 나를 데리고 갔다.

1326
container
[kəntéinər]
☐ ☐ ☐

[명] 그릇; 용기
The ***container*** is full of corn.
그 그릇에는 옥수수가 가득 들어있다.

Minimal ＊ Phrases

- [ ] **follow the guidelines** — **지침**을 따르다
- [ ] **learning difficulties** — 학습 **장애**
- [ ] **the front entrance** — 정면 **입구**
- [ ] **be nervous about the exam** — 시험 때문에 **초조하다**
- [ ] **a blacksmith shoeing a pony** — 조랑말에게 편자를 박아주는 **대장장이**
- [ ] **Western style** — **서양**식

1327
guideline
[gáidlàin]
□ □ □

옝 지침

Have you read the new policy *guidelines*?
새로 나온 관리 지침서 읽어 보았나요?

1328
difficulty
[dífikὰlti]
□ □ □

옝 곤란; 어려움

I appreciate your *difficulty*.
나는 네 어려움을 이해한다.

1329
entrance
[éntrəns]
□ □ □

옝 입구; 입학

I passed a college *entrance* examination.
나는 대학 입학시험에 합격했다.

1330
nervous
[nə́:rvəs]
□ □ □

옝 신경의; 초조한, 신경질의

I am always *nervous* before giving a speech.
나는 연설 전에는 항상 초조하다.

1331
blacksmith
[blǽksmìθ]
□ □ □

옝 대장장이

A *blacksmith* works with iron.
대장장이는 철을 가지고 일한다.

1332
western
[wéstərn]
□ □ □

옝 서쪽의, 서방의; 서양의

He lives in the *western* part of this city. 그는 이 도시의 서부에 살고 있다.

56th day

Minimal ✱ Phrases

- ☐ **conquer an enemy** 적을 **정복하다**
- ☐ **talk with a neighbor** **이웃**과 이야기하다
- ☐ **a driving instructor** 운전 **강사**
- ☐ **the operation of elevators** 엘리베이터의 **작동**
- ☐ **although it was very hot** 무척 더웠**지만**
- ☐ **a big difference** 큰 **차이**

1333
conquer
[ká(ɔ́)ŋkər]
☐ ☐ ☐

[동] 정복하다
He wants to ***conquer*** the world.
그는 이 세상을 정복하고 싶어 한다.

1334
neighbor
[néibər]
☐ ☐ ☐

[명] 이웃, 이웃 사람
He is my ***neighbor***.
그는 나의 이웃이다.

1335
instructor
[instrʌ́ktər]
☐ ☐ ☐

[명] 교사
She is a driving ***instructor***.
그녀는 운전 강사이다.

1336
operation
[à(ɔ̀)pəréiʃən]
☐ ☐ ☐

[명] 작용; 작동; 수술
I regained my sight after the ***operation***.
나는 수술 후 시력을 되찾았다.

1337
although
[ɔːlðóu]
☐ ☐ ☐

[접] 비록 ~일지라도, ~이기는 하지만
Although he is very poor, he is honest.
그는 매우 가난하지만 정직하다.

1338
difference
[dífərəns]
☐ ☐ ☐

[명] 다름, 차이
It doesn't make any ***difference***.
그것은 별로 중요하지 않다.

Minimal ✷ Phrases

□ **probably** right	**아마도** 옳은
□ a **pleasant** wind	**상쾌한** 바람
□ a short **distance**	근**거리**
□ **nowhere** to go	**갈 곳이 없다**
□ a tall **gentleman**	키가 큰 **신사**
□ a promising **newcomer**	유망한 **신참**

1339

probably
[prá(ɔ́)bəbli]

⊕ 아마도, 다분히
It will **probably** rain.
아마 비가 올 것이다.

□ □ □

1340

pleasant
[pléznt]

⊕ 즐거운, 유쾌한
We had a **pleasant** time.
우리는 즐겁게 시간을 보냈다.

□ □ □

1341

distance
[dístəns]

⊕ 간격, 거리
What is the **distance** from here to Chicago?
여기서 시카고까지의 거리는 얼마입니까?

□ □ □

1342

nowhere
[nóuhwèər]

⊕ 아무 데도 ~없다
I got lost in the middle of **nowhere**.
나는 어딘지도 모르는 곳에서 길을 잃었다.

□ □ □

1343

gentleman
[ʤéntlmən]

⊕ 남자, 신사 (⊕ lady)
Good morning, ladies and **gentlemen**.
신사 숙녀 여러분, 안녕하십니까?

□ □ □

1344

newcomer
[njú:kʌ̀məːr]

⊕ 새로 온 사람
We are friends with the **newcomer**.
새로 온 사람과 우리는 친하다.

□ □ □

237

Minimal * Phrases

☐ special education 　　　　특수 **교육**
☐ a tall foreigner 　　　　키가 큰 **외국인**
☐ the youth nowadays 　　**요즘의** 청년들
☐ a dangerous dog 　　　　**위험한** 개
☐ a homeless child 　　　　**집 없는** 아이
☐ European languages 　　**유럽** 언어들

1345
education
[èdʒukéiʃən]

☐ ☐ ☐

® 교육
Education begins with a man's birth.
교육은 사람의 출생과 함께 시작된다.

1346
foreigner
[fɔ́(:)rinər]

☐ ☐ ☐

® 외국인
Do you know who that *foreigner* is?
저 외국인이 누구인지 아십니까?

1347
nowadays
[náuədèiz]

☐ ☐ ☐

⊕ 현재에는, 오늘날
He looks tired in class *nowadays*.
그는 요즘 수업시간에 지친 듯 보인다.

1348
dangerous
[déindʒərəs]

☐ ☐ ☐

® 위험한, 위태로운 (® safe)
It is *dangerous* to cross that street.
저 길을 건너는 것은 위험하다.

1349
homeless
[hóumlis]

☐ ☐ ☐

® 집 없는 ® 노숙자
They gave blankets to the *homeless*.
그들은 노숙자들에게 담요를 주었다.

1350
European
[jùərəpí:ən]

☐ ☐ ☐

® 유럽의; 유럽 사람의 ® 유럽사람
He is a *European*.
그는 유럽 사람이다.

238

Minimal ✶ Phrases

☐ a human voice	**인간의** 목소리
☐ an underlined part	**밑줄 친** 부분
☐ a long stairway	높은 **계단**
☐ at the seashore	**해안**에서
☐ the janitor's office	**관리실**
☐ a magic trick	**마술**의 속임수

1351

human
[h(h)júː(u)mən]
☐ ☐ ☐

혱 인간의, 인간적인

The movie is a touching *human* drama.
그 영화는 감동적인 인간 드라마이다.

1352

underline
[ʌndərláin]
☐ ☐ ☐

툉 ~의 밑에 선을 긋다; 강조하다 혱 밑줄

Translate the *underlined* parts into Korean.
밑줄 친 부분을 한국어로 번역하시오.

1353

stairway
[stéərwèi]
☐ ☐ ☐

혱 계단

You should not run up and down the *stairway*.
계단을 뛰어서 오르락내리락 하지 마라.

1354

seashore
[síːʃɔːr]
☐ ☐ ☐

혱 혱 해변(의)

Children are playing on the *seashore*.
아이들이 바닷가에서 놀고 있다.

1355

janitor
[dʒǽnətər]
☐ ☐ ☐

혱 문지기 (유 doorkeeper); 수위

The *janitor* swept the floors and locked up the building each night.
문지기는 바닥을 닦고 매일 밤 건물 문을 잠갔다.

1356

magic
[mǽdʒik]
☐ ☐ ☐

혱 혱 마술(의)

My uncle is very good at performing *magic*.
아저씨는 마술 부리기를 아주 잘한다.

57th day

☐ blow up a balloon	풍선을 불다
☐ pollute young people	젊은이들을 **타락시키다**
☐ 20 acres of meadow	20에이커의 **풀밭**
☐ familiar faces	**낯익은** 얼굴
☐ a faithful worker	**충실한** 일꾼
☐ a previous engagement	**선약**

1357

balloon
[bəlúːn]

☐ ☐ ☐

몡 기구; 풍선
Air leaked out of the **balloon**.
풍선에서 공기가 빠져나갔다.

1358

pollute
[pəlúːt]

☐ ☐ ☐

동 더럽히다, 오염시키다
They can **pollute** the environment.
그것들은 환경을 오염시킬 수 있다.

1359

meadow
[médou]

☐ ☐ ☐

몡 풀밭, 목초지
There was a path through the **meadow**.
초원을 가로질러 길이 나 있었다.

1360

familiar
[fəmíljər]

☐ ☐ ☐

혱 친(밀)한
The name sounds **familiar** to me.
그 이름은 내게 친숙하게 들린다.

1361

faithful
[féiθfəl]

☐ ☐ ☐

혱 충실한
He is my **faithful** friend.
그는 나의 충실한 친구이다.

1362

previous
[príːviəs]

☐ ☐ ☐

혱 앞의, 이전의
I had written **previous** to visiting.
나는 방문하기 전에 편지를 보냈다.

Minimal ✱ Phrases

☐ an **upward** gaze	**위를** 쳐다봄
☐ a **medicine** for a cold	감기**약**
☐ **practice** the piano	피아노를 **연습하다**
☐ **physical** labor	**육체노동**
☐ cold **storage**	냉동 **저장**
☐ **fossil** fuel	**화석** 연료

1363

upward
[ápwərd]

☐ ☐ ☐

(♯) 위쪽으로

The sparrow flew *upward*.
참새가 위로 날아올랐다.

1364

medicine
[médəsən]

☐ ☐ ☐

(명) 약

I take *medicine* every day.
나는 매일 약을 먹고 있다.

1365

practice
[præktis]

☐ ☐ ☐

(동) 연습하다; 실행하다 (명) 연습

Practice makes perfect.
연습하면 잘 하게 된다.

1366

physical
[fízikəl]

☐ ☐ ☐

(형) 육체의

Physical exercise develops muscle.
운동을 하면 근육이 발달된다.

1367

storage
[stɔ́ːridʒ]

☐ ☐ ☐

(명) 저장; 보관

All my furniture is in *storage*.
내 가구는 모두 창고에 보관중이다.

1368

fossil
[fásl / fɔ́sl]

☐ ☐ ☐

(명)(형) 화석(의)

I have a *fossil* leaf.
나는 화석이 된 잎을 가지고 있다.

241

Part 4

Final
Stage

6 9.

시험에 출제되는 빈도는 낮지만 영어 우등생이 되기 위해서는 꼭 한번쯤 보고
넘어가야 할 마지막 관문입니다. 파이팅!

58th day

☐ **not drink** anymore	더 이상 술을 안 마시다
☐ **nobody** in the room	방 안의 **누구도**
☐ **anybody** else	**누군가** 다른 사람
☐ **accidents** happen	사고가 **일어나다**
☐ the **new** semester	신**학기**
☐ an **important** event	**중대** 사건

1369
anymore
[ènimɔ́:r]

☐ ☐ ☐

⒨ 이제는 (윤 now), 더 이상
He is not sick *anymore*.
그는 더 이상 아프지 않다.

1370
nobody
[nóubà(ɔ)di]

☐ ☐ ☐

⒝ 아무도 ~않다
Nobody knows him.
아무도 그를 알지 못한다.

1371
anybody
[énibà(ɔ)di]

☐ ☐ ☐

⒝ 〈부정문·의문문〉 누군가, 아무도;
〈긍정문〉 누구든지
Anybody can solve the problem.
누구든 그 문제를 풀 수 있다.

1372
happen
[hǽpən]

☐ ☐ ☐

⒟ 생기다, 일어나다
What has *happened* to my bicycle?
내 자전거에 무슨 일이 생겼니?

1373
semester
[siméstər]

☐ ☐ ☐

⒨ (1년 2학기제 대학의) 한 학기
I'm preparing for the second
semester.
나는 2학기를 준비하고 있어.

1374
important
[impɔ́:rtənt]

☐ ☐ ☐

⒨ 중요한, 귀중한
It is *important* to study hard.
열심히 공부하는 것은 중요하다.

Minimal ✳ Phrases

☐ **a remedy for toothache**	**치통**용 약
☐ **a science museum**	과학**박물관**
☐ **the teenagers in blue jeans**	청바지를 입은 **십대**들
☐ **a fisherman's boat**	**낚싯배**
☐ **an electric heater**	**전기** 히터
☐ **work a machine**	**기계**를 다루다

1375
toothache
[túːθèik]

☐ ☐ ☐

몡 치통, 이앓이

A girl had a terrible *toothache*.
한 소녀가 심한 치통을 앓았다.

1376
museum
[mjuːzíːəm]

☐ ☐ ☐

몡 박물관; 미술관

We visited the national *museum*.
우리는 국립 박물관을 방문했다.

1377
teenager
[tíːnèidʒər]

☐ ☐ ☐

몡 십대 (13세에서 19세까지의 소년·소녀)

He studies the slang of the local *teenagers*.
그는 그 지역 십대들의 속어를 연구하고 있다.

1378
fisherman
[fíʃərmən]

☐ ☐ ☐

몡 어부; 낚시꾼

The *fisherman* goes fishing almost every day.
그 어부는 거의 매일 고기잡이를 간다.

1379
electric
[iléktrik]

☐ ☐ ☐

혱 전기의

He played the *electric* guitar.
그는 전기 기타를 연주했다.

1380
machine
[məʃíːn]

☐ ☐ ☐

몡 기계

Any vending *machines* around here?
이 근처에 자판기가 있니?

58th day

Minimal ✳ Phrases

☐ a wonderful **invention**	놀라운 **발명**
☐ **introduce** my friend	내 친구를 **소개하다**
☐ an **interview** with him	그와의 **면담**
☐ a stage **manager**	무대 **감독**
☐ see a **cartoon**	**만화**를 보다
☐ environmental **pollution**	환경**오염**

1381

invention
[invénʃən]

☐ ☐ ☐

명 발명(품)

Necessity is the mother of *invention*.
필요는 발명의 어머니. 〈속담〉

1382

introduce
[intrəd(j)úːs]

☐ ☐ ☐

동 소개하다

May I *introduce* my sister to you?
제 누이동생을 소개해 드릴까요?

1383

interview
[íntərvjùː]

☐ ☐ ☐

명 면접, 면담; 인터뷰

We had an *interview* with the President.
우리는 대통령과 면담했다.

1384

manager
[mǽnidʒər]

☐ ☐ ☐

명 지배인, 경영자; 감독, 매니저

I'm a foreign tourism *manager* now.
나는 현재 외국 관광 사업의 관리자이다.

1385

cartoon
[kɑːrtúːn]

☐ ☐ ☐

명 (시사풍자) 만화

I like to look at *cartoons* in the morning newspaper.
나는 조간신문에서 시사만화 보는 것을 좋아한다.

1386

pollution
[pəlúːʃən]

☐ ☐ ☐

명 오염

Pollution is killing many animals today.
오늘날 오염으로 인해 많은 동물들이 죽고 있다.

246

Minimal ✳ Phrases

☐ **winter** clothing	겨울**옷**
☐ **pleasure** of reading books	독서의 **즐거움**
☐ a **wonderful** story	**놀라운** 이야기
☐ a **healthy** body	**건강한** 몸
☐ **work for** a company	**회사**에서 일하다
☐ **checkout** counters	**계산**대

1387

clothing
[klóuðiŋ]

☐ ☐ ☐

영 의복

He wears simple *clothing*.
그는 검소한 옷을 입는다.

1388

pleasure
[pléʒər]

☐ ☐ ☐

영 즐거움, 쾌락

He lived for *pleasure*.
그는 즐거움을 위해 살았다.

1389

wonderful
[wʌ́ndərfəl]

☐ ☐ ☐

형 훌륭한, 멋진

We are having a *wonderful* time.
우리는 아주 멋진 시간을 보내고 있다.

1390

healthy
[hélθi]

☐ ☐ ☐

형 건강한, 건강에 좋은 (반 unhealthy)

He is *healthy*.
그는 건강하다.

1391

company
[kʌ́mpəni]

☐ ☐ ☐

영 회사

My brother goes to his *company*
every day.
형님은 매일 회사에 나간다.

1392

checkout
[tʃékàut]

☐ ☐ ☐

영 (호텔 등에서의) 퇴숙 절차; 계산

When is *checkout* time?
체크아웃 시간이 몇 시입니까?

247

59th day

Minimal ✶ Phrases

- □ mention names — 이름을 **말하다**
- □ the grocery business — **식료품**업
- □ a fashion magazine — 패션 **잡지**
- □ classmates in high school — 고교 **동창**
- □ a new roommate — 새 **룸메이트**
- □ a TV comedian — 텔레비전의 **코미디언**

1393
mention
[ménʃən]
□ □ □

[동] 말하다
She ***mentioned*** the book to me.
그녀가 나에게 그 책에 대해 언급했다.

1394
grocery
[gróusəri]
□ □ □

[명] 식료품류, 잡화류; 식품점
The ***grocery*** store is crowded.
식품점이 혼잡하다.

1395
magazine
[mӕ̀gəzíːn]
□ □ □

[명] 잡지
He is reading a ***magazine***.
그는 잡지를 읽고 있다.

1396
classmate
[klǽsmèit]
□ □ □

[명] 동급생, 급우
He is my ***classmate***.
그는 나의 급우이다.

1397
roommate
[rú(:)mmèit]
□ □ □

[명] 동거인, 룸메이트
Do you like your new ***roommate***?
너의 새 룸메이트 괜찮니?

1398
comedian
[kəmíːdiən]
□ □ □

[명] 희극 배우, 코미디언
I want to be a ***comedian*** and make people laugh.
나는 코미디언이 되어서 사람들을 웃기고 싶다.

Minimal ✶ Phrases

□ **start a business**	**사업**을 시작하다
□ **acacia blossoms**	아카시아 **꽃**
□ **collect the garbage**	**쓰레기**를 수거하다
□ **make a promise**	**약속**을 하다
□ **everyone in the room**	방에 있는 **모든 사람**
□ **a box with nothing in it**	**아무 것도** 안 든 상자

1399
business
[bíznis]

□ □ □

몡 사업, 장사; 일, 업무
He has started a *business*.
그는 사업을 시작했다.

1400
blossom
[blá(ɔ́)səm]

□ □ □

몡 꽃 〈주로 과실나무 꽃을 말함〉
Apple *blossoms* are white.
사과 꽃은 하얗다.

1401
garbage
[gáːrbidʒ]

□ □ □

몡 쓰레기
I put the *garbage* in the trash can.
나는 쓰레기를 휴지통에 버렸다.

1402
promise
[prá(ɔ́)mis]

□ □ □

몡 동 약속(하다)
She always keeps her *promise*.
그 여자는 항상 약속을 지킨다.

1403
everyone
[évriwʌ̀n]

□ □ □

때 모든 사람, 모두
Everyone can have a ball.
누구나 다 공을 가질 수 있다.

1404
nothing
[nʌ́θiŋ]

□ □ □

때 아무것도, 하나도
I have *nothing*.
나는 아무것도 가지고 있지 않다.

249

59th day

- □ something **to drink** — **무언가** 마실 것
- □ everybody **in the room** — 방에 있는 **모든 사람들**
- □ interested **in travel** — 여행에 **관심 있는**
- □ somewhere **around here** — 이 근처 **어디에**
- □ starve **to death** — **굶어 죽다**
- □ refill a **bathtub** — **욕조**의 물을 갈다

1405
something
[sʌ́mθiŋ]
□ □ □

㉐ 무언가, 어떤 것
Give me *something* to eat.
무언가 먹을 것을 주십시오.

1406
everybody
[évribà(ɔ̀)di]
□ □ □

㉐ 누구나 다, 모두
Everybody was in the classroom.
모두 교실에 있었다.

1407
interested
[íntəri(è)stid]
□ □ □

㉑ 흥미를 가지고 있는
I'm *interested* in modern art.
나는 현대 미술에 관심 있다.

1408
somewhere
[sʌ́mʰwèər]
□ □ □

㉗ 어딘지, 어딘가에
She lives *somewhere* around here.
그녀는 이 근방 어딘가에 살고 있다.

1409
starve
[staːrv]
□ □ □

㉕ 굶주리다, 굶어 죽다
The birds *starve* if we don't feed them in winter. 겨울에 우리가 먹이를 주지 않으면 그 새들은 굶어 죽는다.

1410
bathtub
[bǽ(áː)θtʌ̀b]
□ □ □

㉖ 욕조, 목욕통
I scrubbed the *bathtub*.
나는 욕조를 닦았다.

Minimal ✳ Phrases

☐ **increase price**	값을 **올리다**
☐ a famous **picture**	**유명한** 그림
☐ a born **inventor**	타고난 **발명가**
☐ a **shortcut** to success	성공의 **지름길**
☐ **require** care	주의를 **요하다**
☐ a **balance** of mind and body	심신의 **조화**

1411
increase
[inkríːs]

☐ ☐ ☐

동 늘다; 증가하다, 늘리다; 증가시키다

The number of cars has *increased* recently.
최근에 차량의 숫자가 증가하고 있다.

1412
famous
[féiməs]

☐ ☐ ☐

형 유명한, 이름난

The singer is *famous*.
그 가수는 유명하다.

1413
inventor
[invéntər]

☐ ☐ ☐

명 발명자

Who is the *inventor* of the telephone?
전화를 발명한 사람은 누구니?

1414
shortcut
[ʃɔ́ːrtkʌ̀t]

☐ ☐ ☐

명 지름길

Show me a *shortcut* to the station.
정거장으로 가는 지름길을 가르쳐 주십시오.

1415
require
[rikwáiər]

☐ ☐ ☐

동 요구하다; 필요로 하다

It *requires* further checkup.
그것은 더 검토할 필요가 있다.

1416
balance
[bǽləns]

☐ ☐ ☐

명 평균; 균형 동 균형을 잡다

He lost his *balance* and fell.
그는 균형을 잃고 넘어졌다.

60th day

☐ go backpacking	배낭여행을 가다
☐ computer animation	컴퓨터 만화 영화
☐ a handsome boy	잘생긴 소년
☐ a thunder of applause	우레와 같은 박수
☐ go to heaven	천국에 가다
☐ go aboard a plane	비행기에 타다

1417

backpack
[bǽkpæk]

☐ ☐ ☐

명 배낭

I'm carrying a *backpack*.
나는 배낭을 지니고 있다.

1418

animation
[æ̀nəméiʃən]

☐ ☐ ☐

명 만화 영화; 생기

He was one of the most famous *animation* artists who ever lived.
그는 지금까지 살았던 가장 유명한 만화 영화 작가들 중 한 사람이었다.

1419

handsome
[hǽnsəm]

☐ ☐ ☐

형 (용모 등이) 잘생긴, 핸섬한

He is a *handsome* youth.
그는 미남 청년이다.

1420

thunder
[θʌ́ndər]

☐ ☐ ☐

명 천둥 동 천둥이 치다

It *thundered* all night.
밤새 천둥이 쳤다.

1421

heaven
[hévən]

☐ ☐ ☐

명 하늘; 천국; 신

Heaven helps those who help themselves.
하늘은 스스로 돕는 자를 돕는다.

1422

aboard
[əbɔ́ːrd]

☐ ☐ ☐

부 승차하여, 승선하여 전 ~을 타고

It's time to go *aboard*.
승선할 시간이다.

Minimal ✳ Phrases

☐ **carry an umbrella**	**우산**을 들고 다니다
☐ **a witness to the killing**	살인 **목격자**
☐ **the social situation**	사회적 **상황**
☐ **a formal request**	정식 **요청**
☐ **an angry gesture**	화난 **몸짓**
☐ **scratch the door**	문을 **긁다**

1423

umbrella
[ʌmbrélə]

☐ ☐ ☐

명 우산

She has an *umbrella* in her hand.
그녀는 손에 우산을 들고 있다.

1424

witness
[wítnis]

☐ ☐ ☐

명 증인; 목격자

She is a credible *witness*.
그녀는 신뢰할 만한 증인이다.

1425

situation
[sìtʃuéiʃən]

☐ ☐ ☐

명 상황; 상태

I'm able to handle this kind of *situation* pretty well.
나는 이러한 상황을 잘 다룰 수 있다.

1426

request
[rikwést]

☐ ☐ ☐

명 부탁, 요구 동 (신)청하다

She said no to my *request*.
그녀는 나의 부탁을 거절했다.

1427

gesture
[ʤéstʃər]

☐ ☐ ☐

명 몸짓, 손짓, 제스처

He made the *gestures* of a monkey.
그는 원숭이 흉내를 냈다.

1428

scratch
[skrætʃ]

☐ ☐ ☐

동 긁다; 할퀴다

He *scratched* his back because it was itching.
그는 등이 가려워서 긁었다.

60th day

Minimal ✶ Phrases

- ☐ a **superior** officer 상관[상사]
- ☐ the **kingdom** of Sweden 스웨덴 왕국
- ☐ **promote** a new product 신제품을 판촉하다
- ☐ take a **swallow** of water 물을 한 모금 마시다
- ☐ an **eventual** outcome 최종 결과
- ☐ **translate** from French into English 프랑스어에서 영어로 번역하다

1429
superior
[sə(u)píəriər]
☐ ☐ ☐

[형] 더 뛰어난; 우월한 ([반] inferior) [명] 윗사람
She is ***superior*** to him.
그녀는 그보다 뛰어나다.

1430
kingdom
[kíŋdəm]
☐ ☐ ☐

[명] 왕국
My sister lives in the United ***Kingdom***.
내 여동생은 영국에 살고 있다.

1431
promote
[prəmóut]
☐ ☐ ☐

[동] 증진하다; 승진시키다
(promotion [명] 승진)
He was ***promoted*** to captain.
그는 대위로 승진했다.

1432
swallow
[swá(ɔ́)lou]
☐ ☐ ☐

[동] 삼키다, 들이켜다 [명] 한 모금; 제비
The ***swallow*** is a sign of summer.
제비는 여름의 전조이다.

1433
eventual
[ivéntʃuəl]
☐ ☐ ☐

[형] 종국의, 최후의
His ***eventual*** success surprised us.
그의 최종적인 성공은 우리를 놀라게 했다.

1434
translate
[træns(z)léit]
☐ ☐ ☐

[동] 번역하다
His novels ***translate*** well.
그의 소설은 번역하기 쉽다.

Minimal ✳ Phrases

- ☐ **classify books by subject** 책을 주제별로 **분류하다**
- ☐ **smooth skin** **매끈한** 피부
- ☐ **advertise on TV** TV에 **광고하다**
- ☐ **the sparkle of a diamond** 다이아몬드의 **광채**
- ☐ **do a feature on Korea** 한국 **특집**을 하다
- ☐ **valuable jewelry** 값비싼 **보석류**

1435
classify [klǽsəfài] ☐☐☐
[동] 분류하다
These can be ***classified*** into three types.
이들은 세 가지 유형으로 분류될 수 있다.

1436
smooth [smuːð] ☐☐☐
[형] 매끄러운 ([반] rough)
Her skin is as ***smooth*** as silk.
그녀의 피부는 비단처럼 부드럽다.

1437
advertise [ǽdvərtàiz] ☐☐☐
[동] 광고하다
Stores ***advertise*** goods for sale.
상점들은 상품 판매 광고를 한다.

1438
sparkle [spáːrkəl] ☐☐☐
[명] 불꽃; 번쩍임 [동] 불꽃을 튀기다
Her diamonds ***sparkled*** in the candlelight.
촛불에 그녀의 다이아몬드가 반짝였다.

1439
feature [fíːtʃər] ☐☐☐
[명] 특징; 용모 [동] 특색 짓다
Feathers are a ***feature*** specific to birds.
깃털은 새들에게만 있는 특징이다.

1440
jewelry [dʒúːəlri] ☐☐☐
[명] 보석류 ([유] jewels)
She opened her ***jewelry*** box.
그녀는 자신의 보석 상자를 열었다.

61st **day**

☐ **direct** narration	직접 **화법**
☐ an **allergic** reaction	알레르기 **반응**
☐ a **two-legged** creature	두 다리 **동물**
☐ the **richness** of marine life	해양 생태계의 **풍부함**
☐ **succeed** in business	사업에 **성공하다**
☐ easy **additions**	쉬운 **덧셈**

1441
narration
[nӕréiʃən]
☐ ☐ ☐

명 서술; 이야기
Novels, short stories, etc. are forms of
narration.
소설, 단편 등은 이야기의 형식이다.

1442
reaction
[ri:ӕkʃən]
☐ ☐ ☐

명 반작용; 반응
I was surprised by her ***reaction***.
나는 그녀의 반응에 놀랐다.

1443
creature
[krí:tʃər]
☐ ☐ ☐

명 동물; 괴물
A human being is an imperfect
creature.
인간은 결점이 있는 동물이다.

1444
richness
[rítʃnis]
☐ ☐ ☐

명 부유; 풍부
The ***richness*** of this soil made him
rich.
이 땅의 비옥함이 그를 부자로 만들었다.

1445
succeed
[səksí:d]
☐ ☐ ☐

동 성공하다 (반 fail); 잇다
I hope he will ***succeed***.
그가 성공하길 바란다.

1446
addition
[ədíʃən]
☐ ☐ ☐

명 추가; 덧셈
Addition, subtraction, multiplication,
and division are the basic processes
of arithmetic.
덧셈, 뺄셈, 곱셈, 나눗셈은 산수의 기본 과정이다.

Minimal ✻ Phrases

☐ **describe** the event   사건을 <u>묘사하다</u>
☐ **Korean** products   국산<u>품</u>
☐ a motor **vehicle**   자동<u>차</u>
☐ **animate** creatures   <u>생물</u>
☐ **traditional** food   <u>전통</u> 음식
☐ a fair **decision**   공정한 <u>결정</u>

1447

describe
[diskráib]

☐ ☐ ☐

동 묘사하다
Words cannot *describe* the scene.
말로는 그 광경을 설명할 수 없다.

1448

product
[prá(ɔ́)dəkt]

☐ ☐ ☐

명 생산품; 결과
The *product* was brought from Vietnam.
그 제품은 베트남에서 가져온 것이다.

1449

vehicle
[víːikəl]

☐ ☐ ☐

명 탈것, 운송 수단
Automobiles, bicycles, and planes are *vehicles*.
자동차, 자전거, 비행기는 운송 수단들이다.

1450

animate
[ǽnəmèit 동 / ǽnəmit 형]

☐ ☐ ☐

동 생기를 주다 형 살아 있는 (유 alive)
A smile suddenly *animated* her face.
미소를 짓자 갑자기 그녀의 얼굴에 생기가 났다.

1451

traditional
[trədíʃənəl]

☐ ☐ ☐

형 전설의; 전통적인
Hanbok is a Korean *traditional* dress. 한복은 한국의 전통적인 의상이다.

1452

decision
[disíʒən]

☐ ☐ ☐

명 결정, 결심 (유 determination)
They are pressing us to make a quick *decision*.
그들이 우리에게 빨리 결정하라고 압박하고 있다.

61st day

Minimal ✱ Phrases

- ☐ the social **function** of education 교육의 사회적 **기능**
- ☐ **wetland** plants **습지**의 식물
- ☐ rich **farmland** 비옥한 **농경지**
- ☐ **colonists** in Africa 아프리카 **식민지 개척자들**
- ☐ sources of **strength** **힘**의 원천
- ☐ a **specific** cause **특수한** 원인

1453
function
[fʌ́ŋkʃən]
☐ ☐ ☐

[명] 기능; 직무; 의식
The ***function*** of education is to develop the mind.
교육의 기능은 정신을 계발하는 것이다.

1454
wetland
[wétlæ̀nd]
☐ ☐ ☐

[명] 습지대
The unique ***wetlands*** are a UNESCO Biosphere Reserve.
이 독특한 습지대는 유네스코 세계 자연 유산이다.

1455
farmland
[fáːrmlæ̀nd]
☐ ☐ ☐

[명] 농지
He possessed an extensive ***farmland***.
그는 광대한 농지를 소유했다.

1456
colonist
[ká(ɔ́)lənist]
☐ ☐ ☐

[명] 식민지 정착민; 식민지 개척자
Relations with England had become so bad that the ***colonists*** were ready to fight. 영국과의 관계가 너무 악화되어 식민지 사람들은 싸울 준비가 되었다.

1457
strength
[streŋθ]
☐ ☐ ☐

[명] 세기; 힘 ([유] power)
A weak person lacks ***strength***.
허약한 사람은 힘이 부족하다.

1458
specific
[spisífik]
☐ ☐ ☐

[형] 특수한; 명확한 ([유] precise)
I still don't know the ***specific*** cause.
나는 아직 정확한 원인을 알지 못한다.

Minimal ✳ Phrases

□ **bad conduct** — 나쁜 **품행**
□ **club activities** — 클럽 **활동**
□ **ancestor worship** — 조상 **숭배**
□ **release a film** — 영화를 **개봉하다**
□ **population growth** — 인구 **증가**
□ **a correct posture** — 바른 **자세**

1459
conduct
[ká(ɔ́)ndʌkt 명/ kɔndʌ́kt 동]

명 행위; 수행 동 행동하다
His *conduct* disappointed us.
그의 행동에 우리는 실망했다.

1460
activity
[æktívəti]

명 활동
After school, I take part in extracurricular *activities*.
나는 방과 후에 특별 활동에 참여한다.

1461
worship
[wɔ́:rʃip]

명 동 예배(하다); 숭배(하다)
People go to church to *worship* God.
사람들은 예배하러 교회에 간다.

1462
release
[rilíːs]

동 풀어 놓다; 발표하다 명 석방
The government *released* some prisoners.
정부는 몇 명의 죄수를 석방했다.

1463
growth
[grouθ]

명 성장; 발전 (유 development)
She contributed to the *growth* of the company.
그녀는 회사의 성장에 기여했다.

1464
posture
[pá(ɔ́)stʃər]

명 자세; 태도
People are criticizing his political *posture*.
국민들은 그의 정치 태도를 비난하고 있다.

62nd day

☐ be amazed at the sight	그 광경에 **놀라다**
☐ a theater workshop	연극 **워크숍**
☐ connect closely	단단히 **연결하다**
☐ chronic backache	만성 **요통**
☐ a realistic novel	**사실주의** 소설
☐ confuse one's ideas	생각을 **혼란시키다**

1465

amaze
[əméiz]

☐ ☐ ☐

동 몹시 놀라게 하다 (유 surprise)

He always *amazes* me.
그는 언제나 나를 놀라게 한다.

1466

workshop
[wə́ːrkʃà(ɔ̀)p]

☐ ☐ ☐

명 일터; 공동연구회

Their *workshop* is near the airport.
그들의 작업장은 공항 근처에 있다.

1467

connect
[kənékt]

☐ ☐ ☐

동 잇다, 연결하다

I *connected* the TV to an outlet.
나는 TV를 콘센트에 연결했다.

1468

backache
[bǽkèik]

☐ ☐ ☐

명 요통, 등의 아픔

He left school because of a terrible
backache.
그는 심한 요통 때문에 학교를 그만 두었다.

1469

realistic
[rìːəlístik]

☐ ☐ ☐

형 현실주의의; 사실주의의

The story is neither *realistic* nor
humorous.
그 이야기는 사실적이지도 않고 유머도 없다.

1470

confuse
[kənfjúːz]

☐ ☐ ☐

동 혼동하다

I always *confuse* him with his
brother.
나는 항상 그를 그의 형과 혼동한다.

Minimal ＊ Phrases

☐ **answer the telephone**	**전화를** 받다
☐ **speak clearly**	**분명히** 말하다
☐ **shepherd tourists**	관광객을 **이끌다**
☐ **of equal importance**	똑같이 **중요한**
☐ **sometimes play the violin**	**때때로** 바이올린을 켜다
☐ **an impatient person**	**참을성 없는** 사람

1471
telephone
[téləfòun]

☐ ☐ ☐

몡 전화; 전화기

There is a *telephone* on the table.
탁자 위에 전화기가 있다.

1472
clearly
[klíərli]

☐ ☐ ☐

ᄇ 분명히

Express your ideas *clearly*.
네 생각을 명료하게 표현해라.

1473
shepherd
[ʃépəːrd]

☐ ☐ ☐

몡 양치기 동 안내하다

A *shepherd* takes care of sheep.
양치기는 양들을 돌본다.

1474
importance
[impɔ́ːrtəns]

☐ ☐ ☐

몡 중요성

Health is of great *importance*.
건강은 매우 중요하다.

1475
sometimes
[sʌ́mtàimz]

☐ ☐ ☐

ᄇ 때때로

She *sometimes* goes with us.
그녀는 때때로 우리와 같이 간다.

1476
impatient
[impéiʃənt]

☐ ☐ ☐

혱 성급한, 참을성 없는 (ⲩ intolerant)

He was getting *impatient*.
그는 점점 참을 수 없게 되었다.

62nd day

☐ **pay attention to her**	그녀에게 **주목**하다
☐ **separate cream from milk**	우유에서 크림을 **분리하다**
☐ **complain about bad food**	형편없는 음식에 대해 **불평하다**
☐ **make a complaint**	**불평**하다
☐ **exchange presents**	선물을 **교환하다**
☐ **an expensive car**	**비싼** 자동차

1477
attention
[əténʃən]

☐ ☐ ☐

몡 주의, 주목
Attention, please!
주목하세요.

1478
separate
[sépərèit]

☐ ☐ ☐

동 분리하다
After dinner, we *separated*.
저녁식사 후 우리는 헤어졌다.

1479
complain
[kəmpléin]

☐ ☐ ☐

동 불평하다; 호소하다
He is always *complaining*.
그는 언제나 불평을 한다.

1480
complaint
[kəmpléint]

☐ ☐ ☐

몡 불평
My husband always makes a
complaint about food.
나의 남편은 음식에 대해 항상 불평을 한다.

1481
exchange
[ikstʃéindʒ]

☐ ☐ ☐

동 교환하다, 바꾸다
Won't you *exchange* this record for
that one?
이 레코드를 저것과 바꿔주시지 않겠어요?

1482
expensive
[ikspénsiv]

☐ ☐ ☐

혱 값비싼 (빤 cheap)
This book is not *expensive*.
이 책은 비싸지 않다.

Minimal ＊ Phrases

☐ **a mild climate**	온화한 **기후**
☐ **the tip of the iceberg**	**빙산**의 일각
☐ **a complete set**	**온전한** 세트
☐ **a family portrait**	가족 **초상화**
☐ **announce a marriage**	**결혼**을 발표하다
☐ **a wedding invitation**	**결혼식** 초대장

1483
climate
[kláimit]
☐ ☐ ☐

몡 기후
Climate influences crops.
기후는 농작물에 영향을 끼친다.

1484
iceberg
[áisbə:rg]
☐ ☐ ☐

몡 빙산
The *iceberg* split in two.
빙산이 둘로 갈라졌다.

1485
complete
[kəmplíːt]
☐ ☐ ☐

혱 완전한; 완성한
I will lend you the *complete* works of Shakespeare.
셰익스피어 전집을 빌려 드리겠습니다.

1486
portrait
[pɔ́ːrtrit / pɔ́ːrtreit]
☐ ☐ ☐

몡 초상(화)
She had her *portrait* painted.
그녀는 자신의 초상화를 그리게 했다.

1487
marriage
[mǽridʒ]
☐ ☐ ☐

몡 결혼(식)
Marriage is the second beginning of life.
결혼은 인생의 두 번째 시작이다.

1488
wedding
[wédiŋ]
☐ ☐ ☐

몡 결혼식, 혼례 혱 결혼의
Today is our *wedding* anniversary.
오늘은 우리 결혼기념일이다.

63rd day

☐ **a heart disease**	심장**병**
☐ **a religious book**	**종교** 서적
☐ **a good character**	좋은 **성격**
☐ **a quiet bedroom**	조용한 **침실**
☐ **sit in an armchair**	**안락의자**에 앉다
☐ **an English textbook**	영어 **교과서**

1489

disease
[dizíːz]

☐ ☐ ☐

형 병, 질병

I had a skin *disease*.
나는 피부병에 걸렸다.

1490

religious
[rilídʒəs]

☐ ☐ ☐

형 종교(상)의; 신앙의

She is very *religious*.
그녀는 신앙심이 매우 깊다.

1491

character
[kǽriktər]

☐ ☐ ☐

형 성격; 특성; 등장인물

Hamlet is a *character* in the play.
햄릿은 연극 속의 인물이다.

1492

bedroom
[bédrùːm]

☐ ☐ ☐

명 침실

I want a *bedroom* to myself.
나 혼자서 쓸 침실을 원한다.

1493

armchair
[áːrmtʃɛ̀ər]

☐ ☐ ☐

명 안락의자

Grandfather naps in his *armchair*.
할아버지는 안락의자에서 낮잠을 주무신다.

1494

textbook
[tékstbùk]

☐ ☐ ☐

명 교과서

This is a new *textbook*.
이것은 새 교과서이다.

Minimal ✳ Phrases

☐ **priceless** jewels	<u>대단히 귀중한</u> 보석
☐ **during the hours of** darkness	<u>밤</u> 동안에
☐ **understand the** meaning	<u>뜻</u>을 이해하다
☐ **the Merchant of** Venice	베니스의 <u>상인</u>
☐ **volunteer work at the** hospital	병원에서의 <u>자원 봉사</u> 활동
☐ **have fine** teamwork	<u>팀워크</u>가 좋다

1495

priceless
[práislis]

☐ ☐ ☐

형 아주 귀중한

Good health is *priceless*.
좋은 건강은 아주 귀중하다.

1496

darkness
[dáːrknis]

☐ ☐ ☐

형 어둠, 암흑

A bat likes *darkness*.
박쥐는 어둠을 좋아한다.

1497

meaning
[míːniŋ]

☐ ☐ ☐

형 의미, 뜻

What is the *meaning* of this sentence?
이 문장의 뜻이 무엇입니까?

1498

merchant
[máːrtʃənt]

☐ ☐ ☐

형 상인

The *merchant* has his store in the center of the city.
그 상인은 도시의 중심지에 상점을 가지고 있다.

1499

volunteer
[và(ɔ)ləntíər]

☐ ☐ ☐

형 지원자; 자원 봉사자 동 자진하여 하다

My grandmother *volunteered* much for the poor. 할머니는 가난한 사람들을 위해 봉사를 많이 하셨다.

1500

teamwork
[tíːmwɔ̀ːrk]

☐ ☐ ☐

형 협력, 팀워크

Teamwork is necessary to this plan.
이 계획에는 팀워크가 꼭 필요하다.

Minimal ＊ Phrases

☐ a roadside cafe	길가에 있는 카페
☐ a humorous writer	유머러스한 작가
☐ everyday clothes	평상복
☐ show emotion	감정을 드러내다
☐ measure a room	방의 치수를 재다
☐ a halfway point	중간 지점

1501
roadside
[róudsàid]

☐ ☐ ☐

형 길가

We stopped our car by the *roadside*.
우리는 길가에 차를 세웠다.

1502
humorous
[hjú:mərəs]

☐ ☐ ☐

형 재미있는, 유머러스한

His joke is really *humorous*.
그의 농담은 정말 웃긴다.

1503
everyday
[évridèi]

☐ ☐ ☐

형 매일의; 일상의

The Internet has become part of *everyday* life.
인터넷은 일상생활의 일부가 되었다.

1504
emotion
[imóuʃən]

☐ ☐ ☐

명 감정; 감동

Sometimes my *emotions* cloud my judgment.
나는 가끔 감정이 앞서서 판단력이 흐려진다.

1505
measure
[méʒər]

☐ ☐ ☐

동 재다; 측정하다 명 측정단위

Inches are a *measure* of length.
인치는 길이를 재는 단위다.

1506
halfway
[hǽfwei]

☐ ☐ ☐

형 부 도중의[에]

He left *halfway* through the ceremony.
그는 예식 중간에 떠났다.

Minimal * Phrases

- □ **perhaps it will rain** — **아마** 비가 올 거다
- □ **a transfer point** — **갈아타는** 지점
- □ **the dragon's cave** — **용**이 사는 동굴
- □ **effective teaching methods** — **효과적인** 교수법
- □ **moist eyes** — **촉촉한** 눈
- □ **express my feelings** — 내 감정을 **표현하다**

1507
perhaps
[pərhǽps]
□ □ □

[부] 아마 ([유] possibly)
Perhaps that's true.
어쩌면 그것은 사실일지도 모른다.

1508
transfer
[trænsfə́ːr]
□ □ □

[동] 옮기다, 이동[운반]하다 [명] 이동
She ***transferred*** him to another school.
그녀는 그를 다른 학교로 전학시켰다.

1509
dragon
[drǽgən]
□ □ □

[명] 용
A ***dragon*** guarded the treasure.
용이 그 보물을 지켰다.

1510
effective
[iféktiv]
□ □ □

[형] 유효한, 효과적인
This medicine is ***effective*** for headaches.
이 약은 두통에 효과적이다.

1511
moist
[mɔist]
□ □ □

[형] 습기 있는
The laundry is ***moist*** with dew.
빨래가 이슬에 젖어 축축하다.

1512
express
[iksprés]
□ □ □

[동] (감정을) 표현하다, 나타내다
We ***express*** our feelings by words.
우리는 감정을 말로 나타낸다.

64th day

☐ apparent **to the naked eye**	육안으로도 **똑똑히 보이는**
☐ a natural **increase**	**자연** 증가
☐ **daily** routine	날마다 하는 **일**
☐ **be** surprised **at the news**	그 소식을 듣고 **놀라다**
☐ disarm **critics**	비평가들을 **무력하게 하다**
☐ seafood **markets**	**해산물** 시장

1513

apparent
[əpǽr(ɛə)rənt]

☐ ☐ ☐

휑 명백한, 또렷이 보이는

This fact is *apparent* to everybody.
이 사실은 모두에게 명백하다.

1514

natural
[nǽtʃərəl]

☐ ☐ ☐

휑 자연의; 타고난; 자연스러운 (빤 artificial)

The country is rich in *natural* resources. 그 나라는 천연 자원이 풍부하다.

1515

routine
[ru:tíːn]

☐ ☐ ☐

휑 판에 박힌 일 휑 일상의

Keeping a diary is an everyday *routine* of mine.
일기 쓰기는 나의 일상적인 과일이다.

1516

surprise
[sərpráiz]

☐ ☐ ☐

동 놀라게 하다

Tom is going to *surprise* Jim.
탐은 짐을 놀래 주려 하고 있다.

1517

disarm
[disáːrm / dizáːrm]

☐ ☐ ☐

동 무장 해제하다

The police *disarmed* him.
경찰은 그에게서 무기를 빼앗았다.

1518

seafood
[síːfùːd]

☐ ☐ ☐

휑 해산 식품 휑 해산물 요리의

We are going to a *seafood* restaurant on the beach. 우리는 해변가에 있는 해물 전문 레스토랑에 갈 거야.

Minimal ＊ Phrases

☐ **whole-wheat** bread	통밀빵
☐ **sufficient** sleep	**충분한** 잠
☐ a **wide** cloth	**폭이 넓은** 천
☐ **utter** a sigh	한숨을 **쉬다**
☐ **originate** a new teaching method	새 교수법을 **창안하다**
☐ **concur** in opinion	의견이 **일치하다**

1519

wheat
[*h*wi:t]

☐ ☐ ☐

® 밀

In North Africa, people farmed *wheat* and barley. 북아프리카에서는 사람들이 밀과 보리를 경작했다.

1520

sufficient
[səfíʃənt]

☐ ☐ ☐

® 충분한

The food was not *sufficient*.
음식이 충분하지 않았다.

1521

wide
[waid]

☐ ☐ ☐

® 폭이 넓은 (® narrow)

The store sells a *wide* range of goods.
그 가게는 광범위한 물품을 팔고 있다.

1522

utter
[ʌ́tər]

☐ ☐ ☐

® 말하다 ® 전적인

She *uttered* her own secret.
그녀는 자기 비밀을 말했다.

1523

originate
[ərídʒənèit]

☐ ☐ ☐

® 시작하다; 일어나다

The disease is thought to have *originated* in the tropics.
그 질병은 열대 지방에서 생긴 것으로 생각된다.

1524

concur
[kənkə́:r]

☐ ☐ ☐

® 동의하다 (® agree)

I don't *concur* with you on this point.
이 점에서는 너와 의견이 같지 않다.

64th day

Minimal ✱ Phrases

- □ friendship between you and me 너와 나의 우정
- □ a volleyball player 배구 선수
- □ agricultural resources 농업 자원
- □ information in cyberspace 사이버 공간의 정보
- □ stop diarrhea 설사를 막다
- □ a baseball game 야구 경기

1525

friendship
[fréndʃìp]
□ □ □

[명] 우정, 친교

I hope our ***friendship*** will last forever.
우리들의 우정이 영원히 계속되기를 바란다.

1526

player
[pléiər]
□ □ □

[명] 경기자; 선수

He is a famous ice hockey ***player***.
그는 유명한 아이스하키 선수다.

1527

resource
[ríːsɔːrs]
□ □ □

[명] 자원; 자료

They developed their natural ***resources***.
그들은 천연 자원을 개발했다.

1528

cyberspace
[sáibərspèis]
□ □ □

[명] 사이버 공간; 가상현실

There are no barriers of time and space in ***cyberspace***.
사이버 공간에는 시간과 공간의 장벽이 없다.

1529

diarrhea
[dàiəríːə]
□ □ □

[명] 설사

Victims suffer severe ***diarrhea*** and vomiting.
환자들은 심한 설사와 구토를 한다.

1530

baseball
[béisbɔ̀ːl]
□ □ □

[명] 야구

I spend every Sunday playing ***baseball***.
나는 매주 일요일을 야구로 보낸다.

Minimal ✶ Phrases

- ☐ reflect **light** — 빛을 **반사하다**
- ☐ impress **favorably** — 좋은 **인상을 주다**
- ☐ **complain** bitterly — **몹시** 불평하다
- ☐ **my** prime **concern** — 내 **주요** 관심사
- ☐ **common** sense — 상**식**
- ☐ conform **to the rules** — 규칙을 **지키다**

1531
reflect
[riflékt]
☐ ☐ ☐

[동] 반사[반영]하다
The light ***reflects*** from the water.
빛이 수면에서 반사된다.

1532
impress
[imprés]
☐ ☐ ☐

[동] 인상을 주다, 감동시키다
The story ***impressed*** me very much.
그 이야기는 나에게 무척 감동을 주었다.

1533
bitterly
[bítərli]
☐ ☐ ☐

[부] 쓰게; 몹시
He was ***bitterly*** disappointed.
그는 몹시 실망했다.

1534
prime
[praim]
☐ ☐ ☐

[형] 첫째의, 가장 중요한
His ***prime*** concern is world peace.
그의 주요 관심사는 세계 평화이다.

1535
sense
[sens]
☐ ☐ ☐

[명] 감각; 느낌
She has a ***sense*** of humor.
그녀는 유머감각이 있다.

1536
conform
[kənfɔ́ːrm]
☐ ☐ ☐

[동] 따르다, 일치하다
We must ***conform*** to the law.
우리는 법률에 따라야 한다.

65th day

Minimal ✶ Phrases

- □ the tourist **industry** — 관광 **산업**
- □ thick **eyebrows** — 숱이 많은 **눈썹**
- □ an electrical **engineer** — 전기 **기사**
- □ an old **servant** — 나이를 먹은 **하인**
- □ a hotel **register** — 호텔 **숙박계**
- □ a **negative** sentence — **부정**문

1537
industry
[índəstri]
□ □ □

[명] 산업; 근면 ([유] diligence)
Agriculture is the first ***industry***.
농업은 1차 산업이다.

1538
eyebrow
[áibràu]
□ □ □

[명] 눈썹
He raised his ***eyebrows***.
그는 눈썹을 치켜 올렸다.

1539
engineer
[èndʒəníər]
□ □ □

[명] 기사, 엔지니어
He is an electrical ***engineer***.
그는 전기 기사다.

1540
servant
[sə́ːrvənt]
□ □ □

[명] 하인, 부하
He has two ***servants***.
그는 두 명의 하인이 있다.

1541
register
[rédʒəstəːr]
□ □ □

[명] 기록부 [동] 기재하다, 등록하다
They could find no ***register*** of her death.
그들은 그녀의 사망 기록을 발견할 수 없었다.

1542
negative
[négətiv]
□ □ □

[형] 부정의; 소극적인
The result was ***negative***.
결과는 부정적이었다.

Minimal * Phrases

- □ **high** pressure — 고기압
- □ **restrict** freedom of speech — 언론의 자유를 **제한하다**
- □ **headline** news — **주요** 소식
- □ **a pay** restroom — 유료 **화장실**
- □ **the average** lifespan — 평균 **수명**
- □ **pack a** suitcase — **여행 가방**을 꾸리다

1543

pressure
[préʃər]
□ □ □

명 압력

She did it under *pressure* from her parents.
그녀는 부모님의 압력에 못 이겨 그 일을 했다.

1544

restrict
[ristríkt]
□ □ □

동 제한하다

Our membership is *restricted* to twenty.
우리 회원은 20명으로 한정되어 있다.

1545

headline
[hédlàin]
□ □ □

명 표제; 주요 뉴스

The scandal was in the *headlines*.
그 스캔들은 신문의 표제를 장식했다.

1546

restroom
[réstru:m]
□ □ □

명 화장실

Where can I find the *restroom*?
화장실이 어디 있지요?

1547

lifespan
[láifspæn]
□ □ □

명 수명

The average *lifespan* of Korean people is eighty.
한국 사람의 평균 수명은 80이다.

1548

suitcase
[sú:tkèis]
□ □ □

명 여행 가방, 슈트케이스

The tourist has a big *suitcase*.
그 관광객은 큰 여행 가방을 가지고 있다.

273

Minimal ✱ Phrases

- □ a **passive** action — **소극적인** 조치
- □ late at **night** — **밤**늦게
- □ live in **misery** — **비참하게** 살다
- □ **recognize** one's ability — 능력을 **알아주다**
- □ a **technical** education — **기술** 교육
- □ **dispatch** an army — 군대를 **파견하다**

1549
passive
[pǽsiv]
□ □ □

[형] 수동적인; 소극적인
He is too ***passive*** in everything.
그는 무슨 일을 하든 너무 수동적이다.

1550
night
[náit]
□ □ □

[명] 밤 (해질녘부터 동이 틀 때까지) ([반] day)
The moon shines at ***night***.
달은 밤에 빛난다.

1551
misery
[mízəri]
□ □ □

[명] 비참(함); 불행
War necessarily causes ***misery***.
전쟁은 필연적으로 불행을 가져온다.

1552
recognize
[rékəgnàiz]
□ □ □

[동] ~을 알아보다; 인정하다
I ***recognized*** him immediately.
나는 즉시 그를 알아보았다.

1553
technical
[téknikəl]
□ □ □

[형] 기술적인
It requires ***technical*** skill.
그것은 전문적인 기술을 필요로 한다.

1554
dispatch
[dispǽtʃ]
□ □ □

[명] [동] 급파[특파](하다)
They ***dispatched*** an expedition to the Amazon.
그들은 아마존 강에 원정대를 파견했다.

Minimal ✳ Phrases

☐ an **enjoyable** weekend	**즐거운** 주말
☐ a station **plaza**	역 **광장**
☐ a letter of **invitation**	**초대장**
☐ international **politics**	국제 **정치**
☐ a **fantastic** view	**굉장한** 경관
☐ a pedestrian **crossing**	**횡단보도**

1555
enjoyable
[indʒɔ́iəbəl]
☐ ☐ ☐

형 즐거운
Fishing is *enjoyable*.
낚시는 재미있다.

1556
plaza
[plάːzə / plǽzə]
☐ ☐ ☐

명 광장; 상점가
The couple are jogging through the *plaza*.
커플이 조깅하며 광장을 지나가고 있다.

1557
invitation
[invətéiʃən]
☐ ☐ ☐

명 초대
Thank you for your *invitation*.
초대해 주서서 감사합니다.

1558
politics
[pálitìks / pɔ́litiks]
☐ ☐ ☐

명 정치(학)
I have no interest in *politics*.
나는 정치에 관심이 없다.

1559
fantastic
[fæntǽstik]
☐ ☐ ☐

형 환상적인
This is the most *fantastic* show I've ever seen.
이런 환상적인 쇼는 처음 본다.

1560
crossing
[krɔ́ːsiŋ / krɔ́siŋ]
☐ ☐ ☐

명 교차(점), 건널목
Turn left at the *crossing*.
교차로에서 왼쪽으로 돌아라.

66th day

Minimal * Phrases

- ☐ **drown oneself in a river** 강에 **빠져죽다**
- ☐ **behave strangely** 이상하게 **행동하다**
- ☐ **maintain law and order** 법질서를 **유지하다**
- ☐ **an autographed ball** **사인한** 공
- ☐ **a strong contrast** 선명한 **대조**
- ☐ **firm evidence** 확실한 **증거**

1561
drown
[draun]
☐ ☐ ☐

[동] 익사하다, 물에 빠져 죽다
He tried to ***drown*** his sorrows.
그는 술로 슬픔을 잊으려 노력했다.

1562
behave
[bihéiv]
☐ ☐ ☐

[동] 행동하다
You must not ***behave*** so.
그렇게 행동을 해서는 안 된다.

1563
maintain
[meintéin]
☐ ☐ ☐

[동] 지속[계속]하다, 유지하다 ([유] keep up)
Food is necessary to ***maintain*** life.
음식은 생명을 유지하는 데 필요하다.

1564
autograph
[ɔ́:təgræ̀f / ɔ́:təgrà:f]
☐ ☐ ☐

[명] (유명인의) 서명 [동] 서명하다
I've got lots of famous people's ***autographs***.
나는 유명인들의 사인을 많이 가지고 있다.

1565
contrast
[kántræst [명] / kəntrǽst [동]]
☐ ☐ ☐

[명] 대조 [동] 대조하다
This color ***contrasts*** well with green.
이 색깔은 녹색과 좋은 대조를 이룬다.

1566
evidence
[évidəns]
☐ ☐ ☐

[명] 증거; 근거 ([유] proof)
He presented the murder weapon as ***evidence*** in court.
그는 살해 무기를 법정에 증거로 제출했다.

Minimal ＊ Phrases

☐ a personal **secretary**	개인 **비서**
☐ in most **instances**	대개의 **경우**에는
☐ **determine** one's attitude	태도를 **결정하다**
☐ a man of great **patience**	**참을성**이 강한 사람
☐ **compete** in price	가격 **경쟁을 하다**
☐ **whatever** may happen	어떤 일이 생길**지라도**

1567
secretary
[sékrətèri / sékrətri]

☐ ☐ ☐

몡 비서

She is a **secretary** to the president.
그녀는 사장 비서다.

1568
instance
[ínstəns]

☐ ☐ ☐

몡 예, 실례 (윤 example)

Here is an **instance** of his honesty.
여기 그의 정직함을 보여주는 한 예가 있다.

1569
determine
[ditə́ːrmin]

☐ ☐ ☐

동 결심[결정]하다

I **determined** to become an engineer.
나는 기술자가 되기로 결심했다.

1570
patience
[péiʃəns]

☐ ☐ ☐

몡 인내(력); 끈기

Patience is a virtue.
인내는 미덕이다.

1571
compete
[kəmpíːt]

☐ ☐ ☐

동 경쟁하다, 겨루다

They **competed** for the prize.
그들은 그 상을 타려고 경쟁했다.

1572
whatever
[hwatévəːr]

☐ ☐ ☐

때 ~하는[~인] 것은 무엇이든 위 전혀

I have no plans **whatever**.
나는 어떤 계획도 없다.

66th day

Minimal ✶ Phrases

- □ consider others 남을 생각하다
- □ on an empty stomach 공복 때의
- □ calculate the speed of light 빛의 속도를 계산하다
- □ my favorite amusements 내가 가장 좋아하는 오락
- □ the process of history 역사의 진행
- □ a work of great artistic value 예술적 가치가 큰 작품

1573
consider [kənsídər]
□ □ □
[동] 잘 생각하다; 고려하다
You must ***consider*** the problem from every aspect.
그 문제는 모든 관점에서 고려해야 한다.

1574
stomach [stʌ́mək]
□ □ □
[명] 위, 복부
My ***stomach*** feels full.
배가 꽉 찬 느낌이다.

1575
calculate [kǽlkjəlèit]
□ □ □
[동] 계산하다
How should we ***calculate*** the price of our product?
우리 제품 가격을 어떻게 산정할까요?

1576
amusement [əmjú:zmənt]
□ □ □
[명] 즐거움, 재미, 오락(물)
The town lacks ***amusement*** facilities.
그 도시에는 오락 시설이 없다.

1577
process [práses / próuses]
□ □ □
[명] 진행, 경과; 과정 [동] 가공하다
It is a ***process*** of water purification.
그것은 물을 깨끗하게 하는 과정이다.

1578
artistic [a:rtístik]
□ □ □
[형] 예술[미술]의
Picasso's ***artistic*** style is called Cubism.
피카소의 미술 양식은 입체파로 불린다.

Minimal * Phrases

☐ bounce a ball	공을 **튀기다**
☐ get sunstroke	**일사병**에 걸리다
☐ represent Korea in the Olympics	올림픽에서 한국을 **대표하다**
☐ compose a song	노래를 **작곡하다**
☐ encourage saving	저축을 **장려하다**
☐ an electronic calculator	**전자**계산기

1579

bounce
[bauns]

☐ ☐ ☐

동 (되) 튀다
The ball **bounced** back from the wall.
공이 벽에 맞고 튀어왔다.

1580

sunstroke
[sánstròuk]

☐ ☐ ☐

명 일사병, 열사병
She was treated for **sunstroke**.
그녀는 일사병으로 치료를 받았다.

1581

represent
[rèprizént]

☐ ☐ ☐

동 나타내다; 대표하다
The dove **represents** peace.
비둘기는 평화를 상징한다.

1582

compose
[kəmpóuz]

☐ ☐ ☐

동 구성하다; 작곡하다
She began to **compose** at an early age.
그녀는 어린 나이에 작곡을 시작했다.

1583

encourage
[inkɔ́ːridʒ]

☐ ☐ ☐

동 용기를 돋우다; 장려하다
His father **encouraged** him to read many books.
그의 아버지가 책을 많이 읽도록 격려했다.

1584

electronic
[ilèktrá(ɔ́)nik]

☐ ☐ ☐

형 전자(학)의
He bought an **electronic** piano for his daughter.
그는 딸에게 전자 피아노를 사주었다.

279

67th day

Minimal ＊ Phrases

☐ an **overactive** behavior	**지나친** 행동
☐ fold up the **beddings**	**이부자리**를 개다
☐ do well in the **workplace**	**직장**에서 잘 지내다
☐ call an **ambulance**	**구급차**를 부르다
☐ sports **equipment**	스포츠 **용품**
☐ a free online **newsletter**	무료 온라인 **회보**

1585

overactive
[òuvərǽktiv]

⊚ 활약[활동]이 지나친

You have an *overactive* imagination.
너는 상상력이 지나치다.

☐ ☐ ☐

1586

bedding
[bédiŋ]

⊚ 침구류

You can't leave home without folding back your *bedding*.
이불을 개지 않고선 집을 나갈 수 없다.

☐ ☐ ☐

1587

workplace
[wɔ́:rkplèis]

⊚ 일터, 작업장

Sexual harassment in the *workplace* is not a trivial matter.
직장 내 성희롱은 사소한 문제가 아니다.

☐ ☐ ☐

1588

ambulance
[ǽmbjuləns]

⊚ 구급차, 앰뷸런스

Please send an *ambulance* right away!
지금 즉시 앰뷸런스를 보내 주십시오!

☐ ☐ ☐

1589

equipment
[ikwípmənt]

⊚ 장비; 설비, 비품

Get the *equipment* ready for use.
장비를 곧 쓸 수 있도록 준비해 두어라.

☐ ☐ ☐

1590

newsletter
[njú:zlètə:r]

⊚ 회보, 연보

The *newsletter* is published once a month.
회보는 한 달에 한 번 나온다.

☐ ☐ ☐

Minimal ✱ Phrases

- ☐ a **convenient** appliance — **편리한** 기구
- ☐ freedom of **expression** — **표현**의 자유
- ☐ **understand** the teacher's explanation — 선생님의 설명을 **이해하다**
- ☐ **however** rich one may be — **아무리** 부자**더라도**
- ☐ **everywhere** in the world — 세계 **어느 곳에서나**
- ☐ a good **housewife** — 살림을 잘하는 **주부**

1591

convenient
[kənvíːnjənt]
☐ ☐ ☐

[형] 편리한
He lives in a ***convenient*** house.
그는 편리한 집에서 산다.

1592

expression
[ikspréʃən]
☐ ☐ ☐

[명] 표현; 표정
He made a puzzled ***expression***.
그는 당황한 표정을 지었다.

1593

understand
[ʌ̀ndərstǽnd]
☐ ☐ ☐

[동] 이해하다, 알다
Do you ***understand***?
이해하시겠습니까?

1594

however
[hauévər]
☐ ☐ ☐

[부] 그렇지만; 아무리 ~해도
His mind, ***however***, did not change.
그렇지만 그의 마음은 변하지 않았다.

1595

everywhere
[évrihwὲər]
☐ ☐ ☐

[부] 어디든지 다, 도처에
It can be seen ***everywhere*** in the world.
그것은 세계 어느 곳에서나 볼 수 있다.

1596

housewife
[háuswàif]
☐ ☐ ☐

[명] 주부
She is a teacher, ***housewife***, and mother all at once. 그녀는 선생님과 주부와 어머니의 역할을 동시에 하고 있다.

67th day

- put in a refrigerator / 냉장고에 넣다
- wipe the blackboard / 칠판을 지우다
- market research / 시장 조사
- the President of Korea / 한국 대통령
- a pregnant woman / 임신한 여자
- a regular congress / 정기 국회

1597
refrigerator
[rifrídʒərèitər]

명 냉장고
Put the meat in the *refrigerator*.
고기를 냉장고에 넣어라.

1598
blackboard
[blǽkbɔ̀:rd]

명 칠판
Tom wrote his name on the *blackboard*.
탐은 그의 이름을 칠판에 썼다.

1599
research
[risə́:rtʃ]

명 (학술) 연구, 조사 동 연구하다
He has dedicated his life to scientific *research*.
그는 자신의 일생을 과학 연구에 바쳤다.

1600
president
[prézidənt]

명 대통령; 회장, 사장, 총재
We chose him *president* of our club.
우리는 그를 우리 클럽의 회장으로 선출했다.

1601
pregnant
[prégnənt]

형 임신한
She was *pregnant* with her second child.
그녀는 둘째 아이를 임신하고 있었다.

1602
congress
[kǽngris / kɔ́ŋgris]

명 회의; 의회, 국회
The laws of the U.S.A. are made by *Congress*.
미합중국 법령들은 의회에 의해 제정된다.

Minimal ✶ Phrases

- ☐ **identify oneself** 신분을 **확인하다**
- ☐ **an amazing number** **놀랄 만한** 수
- ☐ **combine two companies** 두 회사를 **합병하다**
- ☐ **closely resemble** 아주 **닮다**
- ☐ **practical English** **실용** 영어
- ☐ **an otherwise happy life** **다른** 점에서 보면 행복한 삶

1603
identify
[aidéntəfài]
☐ ☐ ☐

[동] 확인하다; 동일시하다
She ***identified*** the man as her attacker. 그녀는 그 남자가 자기를 공격한 사람임을 확인했다.

1604
amazing
[əméiziŋ]
☐ ☐ ☐

[형] 놀랄 만한
His ***amazing*** success surprised them.
그의 놀랄 만한 성공이 그들을 놀라게 했다.

1605
combine
[kəmbáin]
☐ ☐ ☐

[동] 결합시키다
It is difficult to ***combine*** work with pleasure.
일과 오락을 결합시키기는 어렵다.

1606
resemble
[rizémbəl]
☐ ☐ ☐

[동] 닮다
She ***resembles*** her mother.
그녀는 자기 어머니를 닮았다.

1607
practical
[prǽktikəl]
☐ ☐ ☐

[형] 실제의; 실용적인
I want to give him a ***practical*** gift.
나는 그에게 실용적인 선물을 하고 싶다.

1608
otherwise
[ʌ́ðərwàiz]
☐ ☐ ☐

[부] 만약 그렇지 않으면; 달리
Write her address down, ***otherwise*** you'll forget it. 그녀의 주소를 적어 놔라, 그렇지 않으면 잊어버릴 것이다.

68th day

☐ somewhat **similar**	**약간** 비슷한
☐ boastful **talk**	**자화자찬의** 말
☐ a generous **attitude**	**관대한** 태도
☐ a television **announcer**	텔레비전 **아나운서**
☐ emphasize **the point**	그 점을 **강조하다**
☐ a backward **country**	**후**진국

1609
somewhat
[sámʰwàt]

☐ ☐ ☐

(부) 얼마간, 다소

My hat is *somewhat* like yours.
내 모자는 너의 모자와 약간 비슷하다.

1610
boastful
[bóustfəl]

☐ ☐ ☐

(형) 자랑하는

He is *boastful* about his house.
그는 자기 집을 자랑한다.

1611
generous
[ʤénərəs]

☐ ☐ ☐

(형) 관대한

He is very *generous* to his children.
그는 자식들에 대해 매우 너그럽다.

1612
announcer
[ənáunsər]

☐ ☐ ☐

(명) 아나운서

The *announcer* was late for the program.
그 아나운서는 프로그램에 늦었다.

1613
emphasize
[émfəsàiz]

☐ ☐ ☐

(동) 강조하다; 역설하다

He always *emphasizes* the value of education.
그는 언제나 교육의 가치를 강조한다.

1614
backward
[bǽkwərd]

☐ ☐ ☐

(형) 뒤쪽의 (부) 뒤에[로]; 후방에

He walked *backward*.
그는 뒤로 걸었다.

Minimal ✳ Phrases

☐ the **chemical** symbol | **화학** 기호
☐ a flight **attendant** | (비행기의 객실) **승무원**
☐ make a **blueprint** | **청사진**을 만들다
☐ an **intelligent** choice | **영리한** 선택
☐ in the **moment** of crisis | 위기의 **순간**에
☐ an **export** price | **수출** 가격

1615

chemical
[kémikəl]

☐ ☐ ☐

⟨형⟩ 화학의

He studies in the *chemical* laboratory.
그는 화학 실험실에서 연구한다.

1616

attendant
[əténdənt]

☐ ☐ ☐

⟨형⟩ 안내원; 시중드는 사람

He is a faithful *attendant* on the queen.
그는 여왕의 충실한 수행원이다.

1617

blueprint
[blú:prìnt]

☐ ☐ ☐

⟨형⟩ 청사진; 설계도 ⟨동⟩ ~의 청사진을 찍다

Our self-image is the *blueprint* which determines how we see the world.
우리의 자아상은 세상을 어떻게 보느냐를 결정짓는 청사진이다.

1618

intelligent
[intélədʒənt]

☐ ☐ ☐

⟨형⟩ 지적인; 총명한

That was an *intelligent* question.
그것은 재치 있는 질문이었다.

1619

moment
[móumənt]

☐ ☐ ☐

⟨형⟩ 잠시, 잠깐, 순간

Can I speak to you for a *moment*?
잠시만 얘기를 해도 되겠습니까?

1620

export
[ékspɔːrt ⟨명⟩ / ikspɔ́ːrt ⟨동⟩]

☐ ☐ ☐

⟨명⟩ 수출 ⟨동⟩ 수출하다 (⟨반⟩ import)

Korea *exports* many different kinds of goods.
한국은 다양한 종류의 상품을 수출한다.

285

Minimal ✷ Phrases

☐ appear **on TV**　　　　　　텔레비전에 **나오다**
☐ dual **nationality**　　　　　이중 **국적**
☐ the royal **family**　　　　　**왕**실
☐ trade **surplus**　　　　　　무역 **흑자**
☐ disagree **completely**　　　완전히 **의견을 달리하다**
☐ the head of the **seagull**　**갈매기** 머리

1621

appear
[əpíər]

☐ ☐ ☐

동 나타나다

She *appeared* on the stage.
그녀가 무대 위에 모습을 드러냈다.

1622

nationality
[næ̀ʃənǽləti]

☐ ☐ ☐

명 국적; 국민

What's your *nationality*?
당신의 국적은 어디입니까?

1623

royal
[rɔ́iəl]

☐ ☐ ☐

형 왕[여왕]의 명 왕족

The crown stands for *royal* dignity.
왕관은 왕의 위엄의 상징이다.

1624

surplus
[sə́ːrplʌs]

☐ ☐ ☐

명 형 과잉(의)

These goods are *surplus* to
requirements.
이 물품은 필요한 물품의 여분이다.

1625

disagree
[dìsəgríː]

☐ ☐ ☐

동 일치하지 않다, 다르다

I *disagree* with you.
나는 너와 의견이 다르다.

1626

seagull
[síːgʌl]

☐ ☐ ☐

명 갈매기

Seagulls would fly close to them to
beg for food. 갈매기들이 음식을 달라고 그들
가까이 날아다녔다.

Minimal ✴ Phrases

☐ whenever one goes	갈 때마다
☐ a sunburned face	햇볕에 그을린 얼굴
☐ wildlife preservation	야생 생물의 보호
☐ utilize one's knowledge	지식을 활용하다
☐ originally Korean	원래 한국인인
☐ a guest conductor	객원 지휘자

1627

whenever
[hwenévə:r]

☐ ☐ ☐

(부)(접) ~할 때에는 언제든지

Whenever he has a test, he studies in the library.
그는 시험을 볼 때마다, 도서관에서 공부를 한다.

1628

sunburn
[sʌ́nbə:rn]

☐ ☐ ☐

(명) 볕에 탐 (동) 햇볕에 태우다

His skin is deeply ***sunburned***.
그의 피부는 볕에 까맣게 탔다.

1629

wildlife
[wáildlàif]

☐ ☐ ☐

(명)(형) 야생 생물(의)

We know how important the conservation of ***wildlife*** is.
우리는 야생 생물 보존의 중요성을 알고 있다.

1630

utilize
[jú:təlàiz]

☐ ☐ ☐

(동) 활용하다

We can ***utilize*** the sun as an energy source.
우리는 태양을 에너지원으로 이용할 수 있다.

1631

originally
[ərídʒənəli]

☐ ☐ ☐

(부) 원래

Chilies are ***originally*** from South America.
고추는 원래 남아메리카 지방이 원산지이다.

1632

conductor
[kəndʌ́ktər]

☐ ☐ ☐

(명) 안내자; (전차·열차) 차장; 지휘자

The ***conductor*** put me inside the bus.
차장은 나를 버스 안쪽으로 끌어들였다.

69th day

Minimal ✶ Phrases

- ☐ **frigid climate** — **매우 추운** 기후
- ☐ **a school playground** — 학교 **놀이터**
- ☐ **resolve to study law** — 법률을 공부하기로 **결심하다**
- ☐ **a regular customer** — 단골**손님**
- ☐ **an English-Korean dictionary** — 영한**사전**
- ☐ **play street basketball** — 길거리 **농구**를 하다

1633
frigid
[frídʒid]
☐☐☐

[형] 몹시 추운
The recent ***frigid*** weather will continue till tomorrow.
최근의 추운 날씨는 내일까지 계속될 것이다.

1634
playground
[pléigràund]
☐☐☐

[명] 놀이터
There are many kids in the ***playground***.
놀이터에 많은 아이들이 있다.

1635
resolve
[rizálv / rizɔ́lv]
☐☐☐

[동] 결심[결정]하다; 분해하다 [명] 결심
He made a ***resolve*** to stop smoking.
그는 담배를 끊을 결심을 했다.

1636
customer
[kʌ́stəmər]
☐☐☐

[명] (가게의) 손님, 고객
That store has plenty of ***customers***.
저 가게는 손님이 많다.

1637
dictionary
[díkʃənèri / díkʃənəri]
☐☐☐

[명] 사전
This is my ***dictionary***.
이것은 내 사전이다.

1638
basketball
[bǽskitbɔ̀ːl]
☐☐☐

[명] 농구
I prefer ***basketball*** to baseball.
나는 야구보다는 농구를 더 좋아한다.

Minimal ✻ Phrases

□ **serious reflection**	진지한 **반성**
□ **an excellent impression**	멋진 **인상**
□ **a wise policy**	현명한 **정책**
□ **a school principal**	교**장**
□ **a sensible man**	**지각 있는** 사람
□ **cultural conflict**	문화적 **충돌**

1639
reflection
[riflékʃən]
□ □ □

몡 반사, 반영; 반성
The moon looks bright because of the **reflection** of light.
달은 빛의 반사 때문에 밝게 보인다.

1640
impression
[impréʃən]
□ □ □

몡 인상, 감명
His speech made a great **impression** on me.
그의 연설은 나에게 큰 감명을 주었다.

1641
policy
[páləsi / póləsi]
□ □ □

몡 정책, 방침
Honesty is the best **policy**.
정직이 최선의 방책이다. 〈속담〉

1642
principal
[prínsəpəl]
□ □ □

휑 주요한; 중요한 몡 우두머리; (단체의) 장
The **principal** character in this story is a dog. 이 이야기의 주인공은 개이다.

1643
sensible
[sénsəbəl]
□ □ □

휑 분별 있는; 현명한
It was **sensible** of you to lock the door.
네가 문을 잠근 것은 현명한 처사였다.

1644
conflict
[kánflikt 몡 / kɔnflíkt 됭]
□ □ □

몡 투쟁, 전투 됭 충돌하다
A **conflict** of opinions arose over the matter.
그 문제를 두고 의견 충돌이 일어났다.

Minimal ✴ Phrases

☐ honest and industrious	정직하고 **근면한**
☐ put eyedrops into eyes	눈에 **안약**을 넣다
☐ electric engineering	전기 **공학**
☐ an online server	온라인 **서버**
☐ a registered trademark	**등록** 상표
☐ needless work	**필요 없는** 일

1645

industrious
[indʌ́striəs]

☐ ☐ ☐

휑 근면한

Bees and ants are *industrious* workers.
벌과 개미는 부지런히 일한다.

1646

eyedrops
[áidràps / áidrɔ̀ps]

☐ ☐ ☐

휑 안약

He put *eyedrops* in his eyes.
그에 눈에 안약을 넣었다.

1647

engineering
[èndʒəníəriŋ]

☐ ☐ ☐

휑 공학, 기관학

He has a master's degree in *engineering*.
그는 공학석사 학위를 갖고 있다.

1648

server
[sə́:rvə:r]

☐ ☐ ☐

휑 봉사자; 서버

The *server* is taking away plates.
서버가 접시를 치우고 있다.

1649

registered
[rédʒəstə:rd]

☐ ☐ ☐

휑 등록한; 등기의

I got a *registered* letter yesterday.
나는 어제 등기 편지를 한통 받았다.

1650

needless
[ní:dlis]

☐ ☐ ☐

휑 불필요한, 쓸데없는

Needless to say, he kept his promise.
말할 필요도 없이 그는 약속을 지켰다.

Minimal ✳ Phrases

☐ presume **innocence** — 무죄로 **추정하다**
☐ **without** restriction — 무**제한**으로
☐ **an army** headquarters — 육군**사령부**
☐ restore **to good health** — 건강을 **회복시키다**
☐ **a simple** lifestyle — 소박한 **생활방식**
☐ **attempt** suicide — **자살**을 기도하다

1651

presume
[prizúːm]

☐☐☐

동 가정[추정]하다

I *presume* that she will return.
그녀가 돌아오리라고 본다.

1652

restriction
[ristríkʃən]

☐☐☐

명 제한, 한정

Later the *restrictions* were lifted.
나중에 제한이 없어졌다.

1653

headquarters
[hédkwɔ̀ːrtərz]

☐☐☐

명 본부; 본사; (군의) 사령부

The firm's *headquarters* is in London.
그 회사의 본사는 런던에 있다.

1654

restore
[ristɔ́ːr]

☐☐☐

동 복원[복구]하다

The art treasures were *restored* to Korea.
그 귀중 미술품들은 한국에 반환되었다.

1655

lifestyle
[láifstàil]

☐☐☐

명 생활양식, 라이프스타일

I'd like to change my *lifestyle*.
나는 생활방식을 바꾸고 싶다.

1656

suicide
[súːəsàid]

☐☐☐

명 자살

Christian ethics disapproves of *suicide*.
기독교의 윤리에서는 자살을 반대한다.

70th day

Minimal ✶ Phrases

- ☐ a man of **passion** — **열정**적인 사람
- ☐ give a **nickname** — **별명**을 붙이다
- ☐ a **miserable** house — **초라한** 집
- ☐ receive much **recognition** — 크게 **인정**을 받다
- ☐ a scientific **technician** — 과학 **기술자**
- ☐ **dispense** drinks — 음료를 **제공하다**

1657
passion [pǽʃən]
☐ ☐ ☐

[명] 열정
My ***passion*** for books continued throughout my life.
책에 대한 나의 열정은 일생 동안 지속되었다.

1658
nickname [níknèim]
☐ ☐ ☐

[명] 별명 [동] 별명을 붙이다
His ***nickname*** was 'bookworm'.
그의 별명은 '책벌레' 였다.

1659
miserable [mízərəbəl]
☐ ☐ ☐

[형] 불쌍한, 비참한
The dog looked ***miserable***.
그 개는 불쌍해 보였다.

1660
recognition [rèkəgníʃən]
☐ ☐ ☐

[명] 인식, 승인
My ***recognition*** of him was immediate.
나는 한눈에 곧 그임을 알았다.

1661
technician [tekníʃən]
☐ ☐ ☐

[명] 기술자
They train ***technicians*** at that school.
그 학교에서는 기술자를 양성하고 있다.

1662
dispense [dispéns]
☐ ☐ ☐

[동] 분배하다; 제공하다
This vending machine ***dispenses*** hot coffee.
이 자판기는 뜨거운 커피가 나온다.

Minimal ✶ Phrases

- ☐ an **enlarged** photograph — **확대** 사진
- ☐ a **playmate** in one's childhood — 어릴 때의 **동무**
- ☐ **invisible** differences — **분간하기 힘든** 차이
- ☐ a retired **politician** — 은퇴한 **정치가**
- ☐ **famine** relief — **기근** 구호
- ☐ a **crossroads** store — **네거리**의 가게

1663
enlarge
[inlá:rdʒ]
☐ ☐ ☐

[동] 크게 하다, 확대[증대]하다
Knowledge ***enlarges*** the mind.
지식은 마음을 넓힌다.

1664
playmate
[pléimèit]
☐ ☐ ☐

[명] 놀이 친구
He was a ***playmate*** in my childhood.
그는 나의 어릴 적 동무이다.

1665
invisible
[invízəbəl]
☐ ☐ ☐

[형] 눈에 보이지 않는
Germs are ***invisible*** to the naked eye.
세균은 육안으로 볼 수 없다.

1666
politician
[pà(ɔ̀)lətíʃən]
☐ ☐ ☐

[명] 정치가
The ***politician*** had been in public office for 40 years.
그 정치가는 40년 동안 공직 생활을 했다.

1667
famine
[fǽmin]
☐ ☐ ☐

[명] 기근; 굶주림
Some parts of the world suffer regularly from ***famine***.
세계의 일부 지역은 정기적으로 기근을 겪는다.

1668
crossroads
[krɔ́:sròudz]
☐ ☐ ☐

[명] 교차로; 네거리
The accident took place at the ***crossroads***.
사고는 교차로에서 일어났다.

70th day

☐ a downtown hotel	도심지에 있는 호텔
☐ adult behavior	어른스러운 행동
☐ car maintenance	차의 정비
☐ available money	가진 돈
☐ scientific studies	과학 연구
☐ a chemical experiment	화학 실험

1669

downtown
[dáuntàun]

☐ ☐ ☐

명 도심지 형 도심(지)의 부 도심지에서[로]

They went *downtown* to see a movie.
그들은 영화 보러 시내에 갔다.

1670

behavior
[bihéivjər]

☐ ☐ ☐

명 행동, 행실

His *behavior* was worthy of praise.
그의 행동은 칭찬받을 만했다.

1671

maintenance
[méintənəns]

☐ ☐ ☐

명 지속; 유지; 정비

The *maintenance* in the building is excellent.
그 건물은 유지보수가 잘 되었다.

1672

available
[əvéiləbəl]

☐ ☐ ☐

형 이용할[얻을] 수 있는

It is not *available* for our plan.
그것은 우리 계획에 쓸모가 없다.

1673

scientific
[sàiəntífik]

☐ ☐ ☐

형 과학의[적인]

Space travel is *scientific* advancement.
우주여행은 과학의 진보이다.

1674

experiment
[ikspérəmənt]

☐ ☐ ☐

명 실험 (laboratory 명 실험실)

I was excited about the *experiment*.
나는 그 실험에 흥분을 느꼈다.

Minimal * Phrases

☐ his **disappointed** face	그의 **실망한** 얼굴
☐ a state of **emergency**	**비상**사태
☐ have a high **temperature**	**체온**이 높다
☐ Christian **fellowship**	기독교 **교우**
☐ a direct **descendant**	직계 **자손**
☐ the social **background** of the novel	소설의 사회적 **배경**

1675

disappointed
[dìsəpɔ́intid]

⟨형⟩ 실망한, 낙담한

I was *disappointed* to hear that.
나는 그것을 듣고 실망했다.

☐ ☐ ☐

1676

emergency
[imə́:rdʒənsi]

⟨명⟩ 비상[돌발]사태

Our plane made an *emergency* landing.
우리 비행기는 비상 착륙을 했다.

☐ ☐ ☐

1677

temperature
[témp(ə)rətʃuər]

⟨명⟩ 온도, 기온; 체온

The room *temperature* is 30℃.
실내 온도는 30℃이다.

☐ ☐ ☐

1678

fellowship
[félouʃip]

⟨명⟩ 동료의식; 단체

They had no *fellowship* among them.
그들 사이에는 동료의식이 없었다.

☐ ☐ ☐

1679

descendant
[diséndənt]

⟨명⟩ 자손, 후예 (반 ancestor)

He has no *descendants*.
그는 후손이 없다.

☐ ☐ ☐

1680

background
[bǽkgràund]

⟨명⟩⟨형⟩ 배경(의)

The *background* of this country's flag is green.
이 나라 국기의 바탕색은 녹색이다.

☐ ☐ ☐

71st day

- □ an **unfortunate accident**   **불운한** 사고
- □ **economic development**   경제 **발달**
- □ a **professional golfer**   **프로** 골퍼
- □ **overweight baggage**   **중량 초과** 수하물
- □ a **TV appearance**   TV **출연**
- □ be **beautifully dressed**   **아름답게** 차려 입다

1681
unfortunate
[ʌnfɔ́ːrtʃənit]

⊚ 불운한; 불행한

He was *unfortunate* to lose his property.
그는 불행하게도 재산을 잃었다.

□ □ □

1682
development
[divéləpmənt]

⊚ 발달, 발전

We must await further *developments*.
우리는 앞으로의 진전을 기다려야 한다.

□ □ □

1683
professional
[prəféʃənəl]

⊚ 전문적인

I watched the *professional* baseball game on TV.
나는 TV로 프로야구 경기하는 것을 보았다.

□ □ □

1684
overweight
[óuvərwèit]

⊚ 비만인; 중량이 초과된

How did he get *overweight*?
그는 어떻게 비만이 된 걸까?

□ □ □

1685
appearance
[əpíərəns]

⊚ 출현; 외모

He compared their *appearances*.
그는 그들의 외모를 비교했다.

□ □ □

1686
beautifully
[bjúːtəfəli]

⊚ 아름답게

I remember him singing *beautifully*.
나는 그가 훌륭하게 노래 부른 것을 기억한다.

□ □ □

Minimal ✳ Phrases

- ☐ **reach adulthood** — **성인**이 되다
- ☐ **the European continent** — 유럽 **대륙**
- ☐ **submarine exploration** — **해저** 탐험
- ☐ **know a lot about astronomy** — **천문학**에 대해 잘 알다
- ☐ **an article concerning the election** — 선거 **관련** 기사
- ☐ **economic cooperation** — 경제 **협력**

1687
adulthood
[ə(ǽ)dʌ́lthùd]
☐ ☐ ☐

® 성인임
You should take social responsibilities of **adulthood**.
성인으로서 여러 사회적 책임을 져야 한다.

1688
continent
[ká(ɔ́)ntinənt]
☐ ☐ ☐

® 대륙
The Pacific is bigger than the **continent** of Asia.
태평양은 아시아 대륙보다 더 크다.

1689
submarine
[sʌ́bmərì:n]
☐ ☐ ☐

® 잠수함 ® 해저의
Submarines sail under the water.
잠수함은 물밑을 다닌다.

1690
astronomy
[əstránəmi / əstrónəmi]
☐ ☐ ☐

® 천문학
Astronomy is difficult for us.
천문학은 우리에게 어렵다.

1691
concerning
[kənsə́:rniŋ]
☐ ☐ ☐

® ~에 관하여 (㊙ about)
We made inquiries **concerning** his past.
우리는 그의 과거에 관해서 조사를 했다.

1692
cooperation
[kouὰpəréiʃən]
☐ ☐ ☐

® 협력, 협동; 협동조합
I really appreciate your **cooperation**.
협조해 주셔서 정말 감사합니다.

297

Minimal ＊ Phrases

☐ agricultural **land**	농지
☐ embarrass **deeply**	몹시 **당황하게 하다**
☐ a great **opportunity**	좋은 **기회**
☐ a creative **imagination**	독창적인 **상상력**
☐ an **imaginative** child	**상상력이 풍부한** 아이
☐ lose **confidence**	**자신감**을 잃다

1693

agricultural
[æ̀grikʌ́ltʃərəl]

☐ ☐ ☐

웹 농업의

Agricultural produce has increased.
농업 생산물이 증가했다.

1694

embarrass
[imbǽrəs / embǽrəs]

☐ ☐ ☐

통 당혹[당황]하게 하다

She was *embarrassed* by his praise.
그녀는 그의 칭찬에 당황했다.

1695

opportunity
[àpərtjúːnəti / ɔ̀pərtjúːnəti]

☐ ☐ ☐

웹 기회, 호기

You shouldn't miss this *opportunity*.
이 기회를 놓치면 안 된다.

1696

imagination
[imæ̀dʒənéiʃən]

☐ ☐ ☐

웹 상상(력)

A ghost is in your *imagination*.
유령이란 상상의 산물이다.

1697

imaginative
[imǽdʒənətiv / imǽdʒənèitiv]

☐ ☐ ☐

웹 상상력이 풍부한

He is an *imaginative* poet.
그는 상상력이 풍부한 시인이다.

1698

confidence
[ká(ɔ́)nfidəns]

☐ ☐ ☐

웹 신용; 자신; 확신

He is full of *confidence*.
그는 자신감에 차 있다.

Minimal ✴ Phrases

☐ **sit** motionless   **꼼짝 않고** 앉아 있다
☐ **a strong** personality   강한 **개성**
☐ **reserve** a hotel room   호텔 방을 **예약하다**
☐ **discourage** her from traveling alone   그녀가 혼자 여행하는 것을 **말리다**
☐ **a national** treasure   나라의 **보물**
☐ **the** unification **of Germany**   독일의 **통일**

1699
motionless
[móuʃənlis]
□ □ □

형 움직이지 않는, 정지한
He is standing *motionless*.
그는 꼼짝 않고 서 있다.

1700
personality
[pə̀:rsənǽləti]
□ □ □

명 개성, 성격
She has a wonderful *personality*.
그녀는 인간성이 좋다.

1701
reserve
[rizə́:rv]
□ □ □

명 동 비축(하다); 예약해 두다
They *reserved* some money for the future.
그들은 장래를 대비해 약간의 돈을 비축했다.

1702
discourage
[diskə́:ridʒ]
□ □ □

동 ~의 용기를 잃게 하다; 낙담시키다
(반 encourage)
The news *discouraged* me.
나는 그 소식을 듣고 낙담했다.

1703
treasure
[tréʒər]
□ □ □

명 보물, 보배 동 소중히 하다
That old temple has many *treasures*.
저 오래된 절에는 많은 보물이 있다.

1704
unification
[jùːnəfikéiʃən]
□ □ □

명 통일, 단일화; 통합
Our hope is Korea's *unification*.
우리의 소원은 한국의 통일이다.

72nd day

- ☐ official permission 　　　　　정식 **허가**
- ☐ population increase 　　　　**인구** 증가
- ☐ childish handwriting 　　　 어린애 같은 **글씨**
- ☐ an underground parking lot 　**지하** 주차장
- ☐ useful information 　　　　 유용한 **정보**
- ☐ the main ingredients 　　　 주요 **성분**

1705

permission
[pə:rmíʃən]
☐ ☐ ☐

영 허가, 면허

You have my *permission* to go.
너는 가도 된다.

1706

population
[pà(ò)pjəléiʃən]
☐ ☐ ☐

영 인구; (일정 지역의) 주민

The total *population* of Seoul is about ten million.
서울의 총인구는 약 천만이다.

1707

handwriting
[hǽndràitiŋ]
☐ ☐ ☐

영 손글씨; 필체

She is bad at *handwriting*.
그녀는 악필이다.

1708

underground
[ándərgràund]
☐ ☐ ☐

영 지하의 영 지하; 〈영〉 지하철
(유 tube; 〈미〉 subway)

I always travel by *underground*.
나는 항상 지하철을 타고 다닌다.

1709

information
[ìnfərméiʃən]
☐ ☐ ☐

영 정보; 지식

I have no *information* about it.
나는 그것에 대해서는 아무것도 모른다.

1710

ingredient
[ingríːdiənt]
☐ ☐ ☐

영 성분; 재료

Mix all the *ingredients* in a bowl.
사발 안에 있는 모든 재료들을 섞어라.

Minimal ＊ Phrases

☐ **successful** in business	사업에 **성공한**
☐ a **friendly** conversation	친밀한 **대화**
☐ a doctor of **economics**	**경제학** 박사
☐ **passive** resistance	소극적 **저항**
☐ **abnormal** behavior	**이상** 행동
☐ **apologize** publicly	공식적으로 **사과하다**

1711
successful
[səksésfəl]
☐ ☐ ☐

형 성공한

His attempt to ride a horse was *successful*.
말을 타려는 그의 시도는 성공적이었다.

1712
conversation
[kà(ɔ)nvərséiʃən]
☐ ☐ ☐

형 대화, 회화

He was deep in *conversation* with a teacher.
그는 선생님과 진지한 대화를 하고 있었다.

1713
economics
[ì:kənámiks]
☐ ☐ ☐

형 〈단수취급〉 경제학

She is studying *economics*.
그녀는 경제학을 공부하고 있다.

1714
resistance
[rizístəns]
☐ ☐ ☐

형 저항, 반항; 반대

There's a lot of *resistance* to the idea.
그 발상에 대한 거센 저항이 있다.

1715
abnormal
[æbnɔ́:rməl]
☐ ☐ ☐

형 비정상의, 이상한

They think I'm *abnormal*.
그들은 내가 비정상이라 여긴다.

1716
apologize
[əpá(ɔ)lədʒàiz]
☐ ☐ ☐

동 사과[사죄]하다

I don't know how to *apologize* to you.
당신에게 어떻게 사과해야 할지 모르겠다.

72nd day

☐ start an argument	논쟁을 시작하다
☐ symbolize speech sounds	발음을 기호화하다
☐ sunbathe at the poolside	수영장가에서 일광욕을 하다
☐ flexible animals having a backbone	등뼈가 있는 유연한 동물들
☐ a famous magician	유명한 마술사
☐ cross the forefinger and middle finger	집게손가락과 가운데 손가락을 포개다

1717
argument
[áːrgjəmənt]

☐ ☐ ☐

명 논의, 논증

It is a useless *argument*.
그것은 쓸데없는 논쟁이다.

1718
symbolize
[símbəlàiz]

☐ ☐ ☐

동 상징하다; 기호로 나타내다

A lily *symbolizes* purity.
백합은 순결을 상징한다.

1719
sunbathe
[sánbèið]

☐ ☐ ☐

동 일광욕을 하다

They are *sunbathing* on a large rock.
그들은 큰 바위에서 일광욕을 하고 있다.

1720
backbone
[bǽkbòun]

☐ ☐ ☐

명 등뼈, 척추 (유 spine)

All mammals have *backbones*.
모든 포유동물은 등뼈가 있다.

1721
magician
[mədʒíʃən]

☐ ☐ ☐

명 마술사

The *magician* changed the stone into a white rabbit.
마술사는 돌을 흰 토끼로 변화시켰다.

1722
forefinger
[fɔ́ːrfìŋgəːr]

☐ ☐ ☐

명 집게손가락 (유 index finger)

The *forefinger* is the first finger.
집게손가락은 첫 번째 손가락이다.

Minimal ✳ Phrases

☐ **an attractive woman**	**매력적인** 여성
☐ **anti-clockwise**	**시계** 반대 **방향으로**
☐ **overcome the difficulty**	고난을 **극복하다**
☐ **automobile insurance**	**자동차** 보험
☐ **a famous architect**	유명한 **건축가**
☐ **mechanical defects**	**기계의** 결함

1723
attractive
[ətrǽktiv]

휑 매력적인
She gave an *attractive* smile.
그녀는 매력적인 미소를 지었다.

☐ ☐ ☐

1724
clockwise
[klákwàiz]

휑 휭 시계방향으로(도는)
Turn the key *clockwise*.
열쇠를 시계방향으로 돌려라.

☐ ☐ ☐

1725
overcome
[òuvərkám]

동 이기다; 극복하다
He *overcame* his illness.
그는 병을 이겨냈다.

☐ ☐ ☐

1726
automobile
[ɔ́ːtəməbìːl]

명 휑 자동차(의)
An *automobile* carries people.
자동차는 사람을 실어 나른다.

☐ ☐ ☐

1727
architect
[áːrkitèkt]

명 건축가, 설계사
My dream is to become a world-famous *architect*.
내 꿈은 세계적으로 유명한 건축가가 되는 것이다.

☐ ☐ ☐

1728
mechanical
[məkǽnikəl]

휑 기계(상)의; 기계적인
My father is a famous *mechanical* engineer.
나의 아버지는 유명한 기계 기술자이시다.

☐ ☐ ☐

73rd day

☐ a pocket calculator	소형 계산기
☐ a book for beginners	입문서
☐ ask a passerby for directions	행인에게 길을 묻다
☐ a young woodcutter	젊은 나무꾼
☐ a famous skyscraper	유명한 고층건물
☐ free competition	자유 경쟁

1729

calculator
[kǽlkjəlèitór]

☐ ☐ ☐

명 계산기

Please bring your *calculator* to every lesson.
수업시간마다 계산기를 가져와라.

1730

beginner
[bigínər]

☐ ☐ ☐

명 초보자; 창시[개시]자

Diving is very dangerous for *beginners*.
초보자에게 잠수는 매우 위험하다.

1731

passerby
[pǽsərbai]

☐ ☐ ☐

명 통행인, 지나가는 사람

He shot at a *passerby*.
그는 지나가는 사람에게 발포했다.

1732

woodcutter
[wúdkʌtər]

☐ ☐ ☐

명 나무꾼; 벌목꾼

The *woodcutter* cut down a tree.
나무꾼은 나무를 베어 넘어뜨렸다.

1733

skyscraper
[skáiskrèipə:r]

☐ ☐ ☐

명 고층건물, 마천루

I work in my office on the 28th floor of a *skyscraper*.
내 사무실은 고층빌딩 28층에 있다.

1734

competition
[kà(ò)mpətíʃən]

☐ ☐ ☐

명 경쟁; 경기

He won the music *competition*.
그는 음악 경연 대회에서 우승했다.

Minimal ＊ Phrases

- □ a graduation ceremony — 졸업식
- □ complete dedication — 완전한 **헌신**
- □ concentrate the mind — 마음을 **집중하다**
- □ a celebration party — **축하** 파티
- □ according to one's wishes — 소망에 **따라**
- □ a confident manner — **자신 있는** 태도

1735
graduation
[græ̀dʒuéiʃən]
□ □ □

명 졸업; 학위 취득
I hope to be a police officer after *graduation*.
나는 졸업 후에 경찰이 되고 싶다.

1736
dedication
[dèdikéiʃən]
□ □ □

명 헌납; 헌신
I admire your *dedication* to your work.
난 당신이 일에 헌신하는 것을 존경한다.

1737
concentrate
[ká(ɔ́)nsəntrèit]
□ □ □

동 집중하다 (유 focus)
Population tends to be *concentrated* in large cities.
인구는 대도시에 집중하는 경향이 있다.

1738
celebration
[sèləbréiʃən]
□ □ □

명 축하; 칭찬
His *celebration* pleased me very much.
그의 축하는 나를 매우 기쁘게 했다.

1739
according
[əkɔ́ːrdiŋ]
□ □ □

부 ~에 따라, ~에 의하면
According to the weather forecast, it will snow tomorrow.
일기예보에 따르면, 내일 눈이 올 것이다.

1740
confident
[ká(ɔ́)nfidənt]
□ □ □

형 확신하는; 자신만만한
We were *confident* of success.
우리는 성공을 확신하고 있었다.

73rd day

☐ a helpful suggestion	유익한 **제안**
☐ an art exhibition	미술 **전시회**
☐ an advisory committee	자문 **위원회**
☐ a school curriculum	학교의 **교과 과정**
☐ eat at a restaurant	**식당**에서 식사를 하다
☐ a close relationship	가까운 **관계**

1741

suggestion
[sədʒéstʃən]

☐ ☐ ☐

명 암시; 제안

They rejected my *suggestion*.
그들은 나의 제안을 거절했다.

1742

exhibition
[èksəbíʃən]

☐ ☐ ☐

명 전람(회)

They held an *exhibition* of antique cars.
그들은 구식 차 전시회를 개최했다.

1743

committee
[kəmíti]

명 위원회

The *committee* has decided to dismiss him.
위원회가 그를 해고하기로 결정했다.

1744

curriculum
[kəríkjələm]

☐ ☐ ☐

명 커리큘럼, 교육[교과] 과정

French is included in the *curriculum*.
교육 과정에는 프랑스어가 있다.

1745

restaurant
[réstərənt]

☐ ☐ ☐

명 음식점, 레스토랑

I met my cousin at a *restaurant*.
나는 음식점에서 나의 사촌을 만났다.

1746

relationship
[riléiʃənʃip]

☐ ☐ ☐

명 관계, 관련

Most of them successfully build up a normal *relationship*.
그들 대부분은 정상적인 관계를 훌륭히 쌓아 간다.

Minimal * Phrases

☐ **gain self-confidence** — 자신을 얻다
☐ **the Air Self-Defense Forces** — 항공 자위대
☐ **an adventure story** — 모험 소설
☐ **a comfortable bed** — 편안한 침대
☐ **a responsible position** — 책임 있는 지위
☐ **a community school** — 지역사회 학교

1747
self-confidence
[self kánfidəns]
☐ ☐ ☐

명 자신감
Self-confidence is the most important key to success.
자신감이 성공의 가장 중요한 요건이다.

1748
self-defense
[self diféns]
☐ ☐ ☐

명 자기 방어
He is good at *self-defense*.
그는 자기 방어에 능하다.

1749
adventure
[ædvéntʃər]
☐ ☐ ☐

명 모험; 뜻하지 않은 일
He had many *adventures* in Africa.
그는 아프리카에서 많은 모험을 했다.

1750
comfortable
[kʌ́mfərtəbəl]
☐ ☐ ☐

형 기분 좋은; 편한
This sofa is really *comfortable*.
이 소파는 정말로 편안하다.

1751
responsible
[rispánsəbəl]
☐ ☐ ☐

형 책임 있는
You are *responsible* for it.
그것에 대한 책임은 네게 있다.

1752
community
[kəmjúːnəti]
☐ ☐ ☐

명 공동체, 지역사회
He's well liked by people in the *community*.
그는 지역 주민들에게 사랑을 받고 있다.

74th day

☐ feel bitterness	쓰라림을 느끼다
☐ a standard pronunciation	표준 발음
☐ read books constantly	책을 항상 읽다
☐ physical discomfort	육체적 불편
☐ leadership problems	지도력 문제
☐ for three successive days	연이어 3일간

1753

bitterness
[bítərnis]

☐ ☐ ☐

® 쓴맛; 비통함

Her *bitterness* was beyond description.
그녀의 괴로움은 말도 못 할 정도였다.

1754

pronunciation
[prənʌnsiéiʃən]

☐ ☐ ☐

® 발음

His English *pronunciation* is awful.
그의 영어 발음은 형편없다.

1755

constantly
[ká(ɔ́)nstəntli]

☐ ☐ ☐

♥ 변함없이; 항상

The issue was *constantly* on the king's mind.
그 문제가 끊임없이 왕의 마음에 걸렸다.

1756

discomfort
[diskʌ́mfərt]

☐ ☐ ☐

® 불쾌, 불안

It caused me great *discomfort*.
그것이 나를 굉장히 불안하게 했다.

1757

leadership
[líːdərʃìp]

☐ ☐ ☐

® 지도(력), 지휘

There is no *leadership* in him.
그에게는 지도력이 없다.

1758

successive
[səksésiv]

☐ ☐ ☐

® 연속하는

This was their fifth *successive* win.
이번이 그들의 다섯 번째 연속 승리였다.

Minimal ✳ Phrases

- [ ] **the aftermath of the war**   전쟁의 **여파**
- [ ] **new computer technologies**   새로운 컴퓨터 **기술**
- [ ] **a sales department**   영업**부**
- [ ] **an appointment for an interview**   면접 **약속**
- [ ] **a speech of congratulation**   **축하**연설
- [ ] **the social environment**   사회적 **환경**

1759

aftermath
[ǽftərmæθ]

□ □ □

명 결과, 영향

Famine came as an *aftermath* of the war.
전쟁의 여파로 기근이 닥쳐왔다.

1760

technology
[teknálədʒi]

□ □ □

명 공업[과학] 기술

Science has contributed much to modern *technology*.
과학은 현대 과학기술에 많은 기여를 했다.

1761

department
[dipá:rtmənt]

□ □ □

명 (공공 기관·회사 등의) 부, 부문

He administers a sales *department* of the company.
그는 그 회사의 영업부를 관리한다.

1762

appointment
[əpɔ́intmənt]

□ □ □

명 임명; 약속; 지정

I have an *appointment* with the dentist.
치과 의사 선생님과 약속이 있다.

1763

congratulation
[kəngrætʃəléiʃən]

□ □ □

명 축하

I express my *congratulations*.
축하드립니다.

1764

environment
[invái(ə)rənmənt]

□ □ □

명 환경, (the environment로) 자연환경

Environment is a great influence on character.
환경은 성격에 큰 영향을 미친다.

Minimal ✳ Phrases

- ☐ an **inexpensive** vacation package 　**값싼** 여행 상품
- ☐ **international** trade 　　　　　　　**국제** 무역
- ☐ cancel a **performance** 　　　　　 **공연**을 취소하다
- ☐ an **introduction** to a book 　　　 책의 **서문**
- ☐ word **combinations** 　　　　　　　단어 **조합**
- ☐ a **roundabout** statement 　　　　 **돌려 말하는** 진술

1765

inexpensive
[ìnikspénsiv]

웹 비용이 들지 않는, 값싼

Dry cleaning is *inexpensive* and fast.
드라이클리닝은 싸고 빠르다.

☐ ☐ ☐

1766

international
[ìntərnǽʃənəl]

웹 국제적인, 국제간의

English is an *international* language.
영어는 국제어이다.

☐ ☐ ☐

1767

performance
[pərfɔ́ːrməns]

웹 연기; 공연; 실행

The *performance* affected me deeply.
그 연기는 내게 깊은 감명을 주었다.

☐ ☐ ☐

1768

introduction
[ìntrədʌ́kʃən]

웹 도입; 소개

He had no regular *introduction*.
그 사람에게는 정식 소개가 없었다.

☐ ☐ ☐

1769

combination
[kà(ə)mbənéiʃən]

웹 결합

It was the *combination* of science and art.
그것은 과학과 예술의 결합이었다.

☐ ☐ ☐

1770

roundabout
[ráundəbàut]

웹 빙 돌아가는, 에둘러 말하는

I hate to talk in a *roundabout* way.
나는 말을 둘러서 하는 것이 싫다.

☐ ☐ ☐

Minimal ＊ Phrases

☐ **read a book** throughout	책을 **처음부터 끝까지** 죽 읽다
☐ **an entirely** believable **explanation**	전적으로 **믿을 수 있는** 설명
☐ **a happy** adolescence	행복한 **청소년기**
☐ **an** underwater **camera**	**수중** 카메라
☐ **cancel** reservations	**예약**을 취소하다
☐ **the** frequency **of crimes**	범죄의 **빈발**

1771
throughout
[θru:áut]

전 ~을 통하여 부 처음부터 끝까지

The products are exported
throughout the world.
그 제품은 전 세계에 수출된다.

☐ ☐ ☐

1772
believable
[bəlíːvəbəl]

형 믿을[신용할] 수 있는

It sounds ***believable***.
그것은 믿을 만한 소리 같다.

☐ ☐ ☐

1773
adolescence
[ædəlésəns]

명 청년기, 사춘기

Many bodily changes occur during
adolescence.
사춘기에는 많은 육체적인 변화가 일어난다.

☐ ☐ ☐

1774
underwater
[ʌndərwɔ́ːtər]

형 부 물속의[으로]

The boat is totally ***underwater***.
배가 물속에 완전히 잠겨 있다.

☐ ☐ ☐

1775
reservation
[rèzəːrvéiʃən]

명 예약

I'd like to make a ***reservation*** for a
flight to Busan.
부산으로 가는 항공편을 예약하려고 하는데요.

☐ ☐ ☐

1776
frequency
[fríːkwənsi]

명 빈번; 빈도

The ***frequency*** of terrorist attacks
seems to have fallen recently.
테러 공격의 빈도가 요즘 줄어든 것 같다.

☐ ☐ ☐

311

75th day

☐ an appropriate choice	적절한 선택
☐ an art photographer	예술 사진가
☐ a woman of my acquaintance	내가 아는 여자
☐ fail through one's carelessness	부주의로 실패하다
☐ an unsatisfactory result	불만스러운 결과
☐ an unbelievable excuse	믿을 수 없는 변명

1777
appropriate
[əpróupriət]

☐ ☐ ☐

휑 적당한

Your clothes are not *appropriate* for the party.
네 옷은 파티용으로는 적당하지 않다.

1778
photographer
[fətágrəfər]

☐ ☐ ☐

휑 사진사

He wants to be a nature *photographer*.
그는 자연을 찍는 사진작가가 되기를 원한다.

1779
acquaintance
[əkwéintəns]

☐ ☐ ☐

휑 아는 사람[사이]

She's just a business *acquaintance*.
그녀는 사업상 아는 사이일 뿐이다.

1780
carelessness
[kéərlisnis]

☐ ☐ ☐

휑 부주의; 경솔

Accidents arise from *carelessness*.
사고는 부주의에서 일어난다.

1781
unsatisfactory
[ʌ̀nsætisfǽktəri]

☐ ☐ ☐

휑 만족스럽지 못한, 불충분한

His work is highly *unsatisfactory*.
그의 일이 아주 불만족스럽다.

1782
unbelievable
[ʌ̀nbilíːvəbəl]

☐ ☐ ☐

휑 믿을 수 없는

The story sounds *unbelievable*.
믿기지 않는 이야기이다.

312

Minimal ✽ Phrases

- [ ] accomplish **one's purpose**   목적을 <u>달성하다</u>
- [ ] **a vacation** destination   휴양<u>지</u>
- [ ] **write** carelessly   글씨를 <u>마구 쓰다</u>
- [ ] **a close** attachment   강한 <u>애착</u>
- [ ] **a very** praiseworthy **achievement**   대단히 <u>칭찬할 만한</u> 성과
- [ ] **an old** phonograph   낡은 <u>축음기</u>

1783

accomplish
[əká(ɔ́)mpliʃ]

□ □ □

동 이루다, 성취하다

We try to *accomplish* the work at a minimal cost.
우리는 최소의 비용을 들여 그 일을 이루려 한다.

1784

destination
[dèstənéiʃən]

□ □ □

명 (여행 등의) 목적지

The ship hasn't arrived at its *destination* yet.
배는 아직 목적지에 도착하지 않았다.

1785

carelessly
[kéərlisli]

□ □ □

부 부주의[소홀]하게

I *carelessly* took the wrong bus.
나는 멍청하게도 버스를 잘못 탔다.

1786

attachment
[ətǽtʃmənt]

□ □ □

명 부착; 애착; 애정

I had a strong *attachment* to him.
나는 그에 대해 강한 애정이 있었다.

1787

praiseworthy
[préizwə̀:rði]

□ □ □

형 칭찬할 만한

Your motives were *praiseworthy*.
네 동기는 좋다.

1788

phonograph
[fóunəgræ̀f]

□ □ □

명 축음기

The woman is working on the *phonograph*.
여자가 축음기를 손보고 있다.

75th day

Minimal ✶ Phrases

- □ a **windshield** wiper — (자동차의) **창유리** 닦개
- □ mass **entertainment** — 대중**오락**
- □ **communicate** officially — 공식적으로 **뜻을 전하다**
- □ as a **consequence** — 그 **결과**
- □ be turned off **automatically** — **자동으로** 꺼지다
- □ **misunderstand** completely — 완전히 **오해하다**

1789
windshield [wíndʃi:ld] □ □ □
[명] (자동차의) 앞유리
My ***windshield*** wipers are not working.
차유리 와이퍼가 작동하지 않는다.

1790
entertainment [èntərtéinmənt] □ □ □
[명] 접대; 연예; 오락
Other family reunions provide their own ***entertainment***. 가족 구성원들이 직접 오락거리를 준비하는 모임도 있다.

1791
communicate [kəmjú:nəkèit] □ □ □
[동] (지식·정보 등을) 전달하다; 통신하다
A politician must be able to ***communicate***.
정치가는 의사 전달을 잘 할 수 있어야 한다.

1792
consequence [ká(ɔ́)nsikwè(ə)ns] □ □ □
[명] 결과 ([유] result)
He was fearful of the ***consequences***.
그는 그 결과가 두려웠다.

1793
automatically [ɔ̀:təmǽtikəli] □ □ □
[부] 자동적으로; 무의식적으로
The machine operates ***automatically***.
그 기계는 자동으로 작동한다.

1794
misunderstand [mìsʌndərstǽnd] □ □ □
[동] 오해하다
He ***misunderstood*** the question and got the answer wrong.
그는 문제를 오해해서 답을 잘못 냈다.

Minimal ✳ Phrases

☐ **a disgusting smell**   **메스꺼운** 냄새
☐ **a broadcasting station**   **방송**국
☐ **a documentary drama**   **다큐멘터리** 드라마
☐ **air transportation**   비행기 **수송**
☐ **a life of independence**   **독립된** 생활
☐ **a means of communication**   **통신** 수단

1795
disgusting
[disɡʌ́stiŋ]

☐ ☐ ☐

휑 메스꺼운; 혐오스러운

His behavior at the party was *disgusting*.
그 모임에서 그가 보인 행동은 혐오스러웠다.

1796
broadcasting
[brɔ́ːdkæ̀stiŋ]

☐ ☐ ☐

휑 방송, 방영

The TV station stopped *broadcasting* for the day.
텔레비전 방송국은 그 날 방송을 중단했다.

1797
documentary
[dàkjəméntəri]

☐ ☐ ☐

휑 문서의 휑 기록물, 다큐멘터리

The *documentary* was very informative.
그 다큐멘터리는 매우 교육적이었다.

1798
transportation
[trænspɔːrtéiʃən]

☐ ☐ ☐

휑 운송, 수송

No *transportation* is available to the village.
그 마을로 가는 교통수단은 아무 것도 없다.

1799
independence
[indipéndəns]

☐ ☐ ☐

휑 독립, 자립

When did America win her *independence* from England?
미국은 언제 영국으로부터 독립하였습니까?

1800
communication
[kəmjùːnəkéiʃən]

☐ ☐ ☐

휑 전달; 통신

All *communications* are still down.
모든 통신은 아직도 두절이다.

동사의 불규칙 변화형

① A - A - A 형

현재형	과거형	과거분사형	의 미
cast	cast	cast	던지다
cost	cost	cost	비용이 들다
cut	cut	cut	자르다
hit	hit	hit	치다
hurt	hurt	hurt	상처를 입히다
let	let	let	시키다
put	put	put	놓다
set	set	set	두다
shut	shut	shut	닫다
upset	upset	upset	뒤엎다
bet	bet	bet	내기하다

② A - B - A 형

현재형	과거형	과거분사형	의 미
become	became	become	~이 되다
come	came	come	오다
run	ran	run	달리다

③ A - A - B 형

현재형	과거형	과거분사형	의 미
beat	beat	beaten	때리다

316

④ A - B - B 형

현재형	과거형	과거분사형	의 미
bend	bent	bent	구부리다
bring	brought	brought	가져오다
buy	bought	bought	사다
catch	caught	caught	잡다
deal	dealt	dealt	다루다
feed	fed	fed	먹이를 주다
feel	felt	felt	느끼다
fight	fought	fought	싸우다
hear	heard	heard	듣다
hold	held	held	잡다, 손에 들다
keep	kept	kept	지키다
lead	led	led	이끌다
leave	left	left	떠나다
lend	lent	lent	빌려주다
lose	lost	lost	잃다
mean	meant	meant	의미하다
meet	met	met	만나다
pay	paid	paid	지불하다
say	said	said	말하다
seek	sought	sought	찾다, 구하다
sell	sold	sold	팔다
shoot	shot	shot	쏘다
sleep	slept	slept	잠자다
spend	spent	spent	소비하다
spin	spun	spun	돌다
stand	stood	stood	서다

stick	stuck	stuck	찌르다
strike	struck	struck	치다
teach	taught	taught	가르치다
think	thought	thought	생각하다
win	won	won	이기다

⑤ A - B - C 형

현재형	과거형	과거분사형	의 미
begin	began	begun	시작하다
bite	bit	bitten	물다
blow	blew	blown	불다
break	broke	broken	부수다
choose	chose	chosen	고르다
draw	drew	drawn	끌다
drink	drank	drunk	마시다
drive	drove	driven	운전하다
eat	ate	eaten	먹다
fly	flew	flown	날다
forget	forgot	forgotten	잊다
freeze	froze	frozen	얼다
grow	grew	grown	성장하다
hide	hid	hidden	숨기다
know	knew	known	알다
ride	rode	ridden	타다
ring	rang	rung	울리다
rise	rose	risen	오르다
shake	shook	shaken	흔들다

show	showed	shown	보이다
sing	sang	sung	노래하다
sink	sank	sunk	가라앉다
speak	spoke	spoken	말하다
steal	stole	stolen	훔치다
swim	swam	swum	수영하다
throw	threw	thrown	던지다
wear	wore	worn	입다
write	wrote	written	쓰다

⑥ 혼동하기 쉬운 불규칙동사

현재형	과거형	과거분사형	의 미
bind	bound	bound	묶다
bound	bounded	bounded	되튀다
fall	fell	fallen	떨어지다, 쓰러지다
fell	felled	felled	쓰러뜨리다
find	found	found	발견하다
found	founded	founded	세우다, 창립하다
fly	flew	flown	날다
flow	flowed	flowed	흐르다
lie	lay	lain	눕다
lie	lied	lied	거짓말하다
lay	laid	laid	눕히다
sit	sat	sat	앉다
set	set	set	두다
wind	wound	wound	감다
wound	wounded	wounded	상처를 입히다

welcome	welcomed	welcomed	환영하다
overcome	overcame	overcome	이겨내다, 극복하다
bear	bore	borne	참다
bear	bore	born	낳다
bid	bade	bidden	명령하다, 말하다
bid	bid	bid	값을 매기다
hang	hung	hung	걸다
hang	hanged	hanged	교수형에 처하다